POLITIK UNTERRICHTEN

Ulrich Schnakenberg

Politik in Karikaturen II

Bibliografische Information der Deutschen Nationalbibliothek

Die Deutsche Nationalbibliothek verzeichnet diese Publikation in der Deutschen Nationalbibliografie; detaillierte bibliografische Daten sind im Internet über http://dnb.d-nb.de abrufbar.

www.wochenschau-verlag.de

Gesamtherstellung: Wochenschau Verlag
Titelbild: Heiko Sakurai
Gedruckt auf chlorfrei gebleichtem Papier

ISBN 978-3-7344-0454-2

Inhalt

Einleitung

Gerade im Fach Politik erfreuen sich Karikaturen seit Langem großer Beliebtheit. Politikschulbücher aller Stufen und Schulformen bieten eine Fülle an politischen Karikaturen. Wie aber gestaltet sich ihr Einsatz im Politikunterricht?

Ein beliebtes Medium – auch bei den Schülern?

Trotz der Allgegenwärtigkeit des Mediums und der scheinbaren Vertrautheit von Lehrkraft und Lernenden treten beim Einsatz von Karikaturen im Unterrichtsalltag oft Probleme auf: Schüler lassen sich nicht richtig auf die Zeichnungen ein, übersehen wichtige Details, erkennen Anspielungen und Metaphern nicht. Die Folgen dieser lediglich oberflächlichen Betrachtung: vorschnelle, unreflektierte Urteile und teilweise krasse Fehlinterpretationen. Die eigentliche Aussage der Karikaturisten bleibt demgegenüber allzu häufig unverstanden. Dabei bietet die Arbeit mit Karikaturen eigentlich enorme Chancen für einen motivierenden, abwechslungsreichen, inhaltlich anspruchsvollen und ertragreichen Politikunterricht. Wie also kann man die angesprochenen Schwierigkeiten überwinden und die großen Potentiale der politischen Karikatur besser nutzen?

Probleme im Unterrichtsalltag

Chancen und Risiken der Karikaturarbeit

Die häufig eher unbefriedigenden Ergebnisse beim Einsatz von Karikaturen im Politikunterricht lassen sich im Wesentlichen auf vier Hauptgründe zurückführen. Zunächst einmal bieten Schulbücher Schülerinnen und Schülern sowie Lehrkräften nur im Ausnahmefall die notwendigen Sachinformationen und Hilfen zur Interpretation von Karikaturen. Die thematisch losgelösten Methodenseiten, die sich inzwischen in fast jedem Politiklehrbuch finden, bieten hierfür keinen Ersatz. Die Analyse, Interpretation und Bewertung einer Karikatur kann nicht in Form eines „Methodentrainings“ losgelöst vom Inhalt einstudiert werden. Stattdessen muss die Karikaturarbeit im *direkten* Unterrichtszusammenhang stattfinden.

Karikaturen im Politikbuch

Die Analyse einer politischen Karikatur erfordert Anstrengung

Dies führt zum zweiten Punkt: Die Schwierigkeiten der Karikaturanalyse müssen ernster genommen werden. Schülerinnen und Schüler halten die Arbeit mit visuellem Material oft für einfacher als den Umgang mit Texten. Im Unterschied zur „harten“ Textarbeit wird die Arbeit mit Fotografien, Videos oder eben Karikaturen oft als Phase der Entspannung aufgefasst, was dann zu den oben angeführten Problemen führt. Diesem Phänomen kann nur entgegengetreten werden, wenn Lehrkraft und Schüler mindestens einmal eine oder zwei Karikaturen *gemeinsam gründlich und ausführlich* analysieren. Nur so wird den Lernenden deutlich, dass sich kritische Grafik nicht für den schnellen Konsum eignet, sondern stattdessen genaues Hinsehen, ein bestimmtes methodisches Vorgehen, das Einbringen von Kontextwissen, die Entschlüsselung von Symbolen und Anspielungen, eine pointierte Zusammenfassung der Aussage sowie eine Bewertung der Position des Karikaturisten erfordert.

Einfacher als Textanalyse?

Karikaturenanalyse muss man lernen

Eine Karikatur nur mündlich zu besprechen, reicht daher oft nicht aus. Was das Anspruchsniveau anbetrifft, sind Karikaturen durchaus mit komplexen, anspielungsreichen Texten zu vergleichen. Gibt man den Lernenden daher zu wenig Zeit für die Analyse, steigt die Gefahr, dass lediglich die intelligenten, hoch motivierten Schüler die Aussage entschlüsseln und verstehen. Aus diesem Grund muss die Interpretation von kritischer Grafik in regelmäßigen Abständen ergänzend zur mündlichen Besprechung unbedingt auch schriftlich erfolgen. Nur so erreicht man, dass sich die *ganze* Lerngruppe auf die Zeichnung einlässt. Gleichzeitig sollte die Analyse zumindest anfänglich durch ein vorgefertigtes Interpretationsraster (vgl. S. 12) strukturiert werden. Gerade schwächere Schüler brauchen so ein „Gerüst“, an dem sie sich entlanghangeln können.

„Mündlich“ reicht nicht

Hilfsangebote: Interpretationsraster, Leitfragen, Arbeitsaufträge

Ein zusätzliches Problem: Viele in Schulbücher aufgenommene Karikaturen werden ohne Aufgaben oder nur mit sehr allgemein gehaltenen Arbeitsvorschlägen präsentiert („Interpretiere die vorliegende Karikatur."). Ähnlich wie bei Texten gilt jedoch auch hier die Regel: Kein Material ohne Aufgabe. Wünschenswert wären daher neben eher allgemein gehaltenen Aufgaben mehr spezifische Arbeitsaufträge je nach Besonderheit der Zeichnung.

Zeitlose und pointierte Karikaturen statt Tagesaktualität

Eine gelungene Interpretation erfordert umfangreiches Vorwissen

Ein weiterer Grund für die mitunter wenig befriedigenden Ergebnisse der Karikaturarbeit im Politikunterricht liegt in der trotz aller Materialfülle durchaus problematischen Auswahl der in Lehrwerken und Lehrerbegleitmaterialien angebotenen Karikaturen. Während einerseits nicht wenige Karikaturen viel zu schwer für die jeweils angesprochene Altersgruppe sind, eignen sich wieder andere kaum für eine tiefer gehende Analyse. Mit einer rein deskriptiven Karikatur, die kaum Raum für Interpretationen bietet und kein Urteil enthält bzw. zum Diskutieren und Urteilen ermuntert, lässt sich im Politikunterricht zumeist wenig anfangen.

Zugespitzte Karikaturen fordern zur Stellungnahme heraus

Auch die Tatsache, dass manche Schulbuchautoren auf allzu große Tagesaktualität setzen, stellt ein Problem dar. Unter diesem Gesichtspunkt ausgewählte Zeichnungen verlieren schon kurze Zeit nach Erscheinen des Lehrwerks bzw. der Lehrerhandreichung an Bedeutung und Brisanz. Im Extremfall lösen solche Karikaturen bei den Lernenden nur noch Frustration aus, weil sie die Aussage der Zeichnung beim besten Willen nicht erfassen *können*. Erwachsenen und politisch Interessierten bereitet es keine Probleme, ehemalige Spitzenpolitiker zu erkennen – aber wie sollen Schülern einen früheren Bundeskanzler erkennen, den sie nie zuvor in ihrem Leben im Fernsehen oder in der Zeitung gesehen haben?

Zeitlose Karikaturen versus Tagesaktualität

Deutlich besser als tagesaktuelle Zeichnungen eignen sich stattdessen *zeitlose Karikaturen*, die zudem anstatt von realen Personen *Typen* (z. B. „den" Unternehmer, „den" Arbeiter) darstellen sowie Themen behandeln, die (vermutlich) auch in zehn oder zwanzig Jahren noch aktuell sein werden.

Entschlüsseln von Symbolen und Anspielungen

Um ihre Botschaft in Sekundenschnelle zu vermitteln, greifen Karikaturisten auf ein bestimmtes Symbolrepertoire zurück, nutzen Metaphern und Ironie und verwenden Stilmittel wie z. B. Übertreibung und Reduktion. Eine ganz besondere Herausforderung der Karikaturarbeit im Politikunterricht ist es, all diese Chiffren zu entschlüsseln. Im Einzelnen müssen die Schüler daher u. a. lernen:

- Übertreibung und Reduktion zu benennen: Proportionen, Körpergröße und -umfang
- Ironie zu identifizieren (häufig im Titel der Karikatur enthalten)
- Personifikationen aufzulösen: z. B. Engel in Frieden, Mars in Krieg, Justitia in Recht, römischen Kaiser in Alleinherrscher/Diktator
- Nationalcharaktere zu identifizieren: z. B. Michel, Marianne, Germania, John Bull, Britannia, Uncle Sam, Columbia
- Typen zu identifizieren: Unternehmer (mit Zigarre im Mund), Arbeiter (mit Werkzeug und Blaumann), Jurist (in Robe), Priester (im Talar)
- „feststehendes konventionelles Zeichenrepertoire" zu erkennen: Hoheitszeichen (Flaggen, Bundes- und Reichsadler), Symbole politischer Parteien und Bewegungen
- Symbole zu deuten: z. B. Krone, Zepter, phrygische Mütze, Tiara, Bischofsstab, Hakenkreuz, Hammer und Sichel, Hitlerbärtchen, Pickelhaube, Brandfackel, Zylinder, Ballonmütze, (roter) Stern, Zylinder, Zigarre, Palmzweig, Taube, Geier, Besen
- Natürliche Metaphern zu verstehen: z. B. dunkle Wolken, steigende Flut, Gewitter, Licht – Finsternis, hässlich – schön, geöffnete – geschlossene Tür, schwarz – weiß, dick – dünn,

mager – fett, trocken – nass, Krankenbett, „fünf vor zwölf", die Hand reichen, Grab(stein), Sarg, Friedhof, Brücken bauen, Ausverkauf, Kasse, Schranke, Bruchlandung, Unfall, Brand, Zeitbombe, aufgehende Sonne, etwas verspeisen, am Ruder stehen, jemanden melken, Kette, Fessel, abgenagte Fischgräten/leerer Teller, dicker Bauch
- Politische Metaphern aufzuspüren: Waage, Gleichgewicht, Abwärtsbewegung, Aufstieg, Wettrennen, Abschreckung, Entspannung, Hass säen, soziales Netz bzw. Hängematte
- Literaturzitate zu erkennen: z. B. Goethes Zauberlehrling, Schillers Wilhelm Tell, Don Quichotte, Struwwelpeter, Suppenkasper, Märchen (Hänsel und Gretel), Wettrennen zwischen Hasen und Igel, Rattenfänger von Hameln, Baron von Münchhausen, Faust und Mephisto
- Visualisierte Redensarten wieder in Sprache übersetzen zu können: „ein Brett vor dem Kopf", „Krokodilstränen weinen", „im selben Boot sitzen", „das Boot ist voll, „den Gürtel enger schnallen", „den gordischen Knoten zerschlagen", „fallen wie ein reifer Apfel", „auf gleicher Augenhöhe", „ein Balanceakt", „die Zeit zurückdrehen", „mit Dreck bewerfen", „jemandem an die Gurgel gehen", „der Elefant im Porzellanladen", „ein Drahtseilakt", „eine Brücke (der Verständigung) bauen", „jemanden zur Schnecke machen", „Sand ins Getriebe streuen"
- Allegorien aufzulösen: Freiheitsstatue als Allegorie auf Freiheit und Gerechtigkeit, Geier für Pleite, Gerippe für Tod, Mars für Krieg, Pfeile schießender Amor für Liebe, Gespenst für Krise
- Die im Mensch-Tier-Vergleich steckenden Eigenschaften zu erkennen: z. B. Fuchs (schlau), Krebs (geht rückwärts), Schlange (falsch und gefährlich), Lamm (gutgläubig, wehrlos und naiv), Maulwurf (blind), Spinne (fängt Lebewesen im Netz, um sie zu töten)
- Anspielungen auf die antike Mythologie aufzuspüren: z. B. Entführung Europas durch Zeus, die Odyssee, das trojanische Pferd, Schwert des Damokles
- Bibelzitate und christliche Ikonografie zu identifizieren: z. B. „ich wasche meine Hände in Unschuld", Moses Gesetzestafeln, Adam und Eva (und die Schlange), die Arche Noah, das Paradies.[1]

Das Potential der Karikaturarbeit im Politikunterricht

Angesichts derartiger Herausforderungen stellt sich die Frage, ob man im Politikunterricht nicht besser ganz auf Karikaturen verzichten sollte. Dabei ist das stärkste Argument, das für den Einsatz von Karikaturen im Unterricht spricht: Schülerinnen und Schüler arbeiten gerne mit Karikaturen. Wie kein zweites Medium lädt die Karikatur als Synthese von Bild, Text und Symbol zum *Entdecken, Rätseln und Vermuten* ein. Diese Faszination, die Karikaturen – wie visuelle Medien generell – auf Schülerinnen und Schüler aller Schulformen und Jahrgänge ausüben, kann und sollte sich der Politiklehrer zunutze machen. Denn Karikaturen bieten eine Fülle von Anstößen zur Auseinandersetzung mit wirtschaftlichen, politischen und soziologischen Themen. Sie eignen sich so hervorragend zur Anbahnung, Vertiefung oder Verinnerlichung aktiver Lernprozesse.

Karikaturen als motivierendes visuelles Medium

Die politische Karikatur ist dabei kein schneller „eye-catcher", sondern ein überaus anspielungsreiches Medium, welches Fragen aufwirft, Wissen und Nachdenken einfordert und so zur Weiterarbeit mit ergänzenden Materialien, vor allem auch Texten, anregt. Ihre zugespitzte Aussage fordert die Lernenden dabei zur *eigenen Thesen- und Urteilsbildung* geradezu heraus. Diese aktivierende Funktion der Karikatur erlaubt es der Lehrkraft, sich im Unterrichtsgespräch zunehmend auf eine Rolle als Moderator zu beschränken.

Anstöße zur vertiefenden Auseinandersetzung

1 Ulrich Schnakenberg, Die Karikatur im Geschichtsunterricht, Schwalbach/Ts.: Wochenschau Verlag, 2012, S. 59 f.

Multiperspektivische Karikaturarbeit fördert ideologiekritisches Denken

Gute Karikaturen enthalten ein dezidiertes Werturteil

Karikaturen sind in der Regel kein Abbild der Realität, sondern grafische Kommentare, die Partei ergreifen, verkürzen, verzerren, übertreiben. Sie sind per se kritisch, negativ, oft auch aggressiv. In den allermeisten Fällen beinhalten Karikaturen – ganz besonders die anspruchsvollen, für die vertiefende Arbeit im Politikunterricht am besten geeigneten – ein Werturteil. Dass Karikaturen Mittel der politischen Auseinandersetzung sind, muss den Schülerinnen und Schülern immer wieder klargemacht werden. Aber gerade in dem Erkennen der perspektivischen Verzerrung eines bestimmten Ereignisses bzw. eines Prozesses durch den Karikaturisten liegen die großen Potentiale eines karikaturengestützten Unterrichts. Der Einsatz einer pointierten, vielleicht auch polarisierenden Karikatur, die etwa einem völlig anders urteilenden Text gegenübergestellt wird, erhöht die Chancen, dass sich die Schüler intensiver als sonst mit der Thematik befassen. Denn durch die Verwendung multiperspektivischen Materials entsteht eine kognitive Dissonanz, welche die Lernenden als unbefriedigend empfinden. Schließlich wollen sie wissen, „wer denn nun eigentlich Recht hat". Ohne dass die Lehrkraft die Schüler explizit dazu auffordern müsste, wägen die Lernenden nun beide Positionen gegeneinander ab, stellen Fragen, geben erste Antworten, suchen nach ergänzendem Material, kurz, versuchen die Thematik zu durchdringen (vgl. Abb. 33 und 34).

Multiperspektivität durch sich widersprechende Materialien

Aufwerfen von Fragen: Problemorientierung

Arbeitsschritte der Karikaturanalyse

Nur was erkannt und beschrieben wurde, kann auch interpretiert werden

In der Regel sollte die Karikaturarbeit nach dem traditionellen Muster Beschreibung, Analyse, Interpretation und Wertung ablaufen. Hierbei ist zu beobachten, dass die Schülerinnen und Schüler dazu tendieren, die erste Phase gegenüber der vermeintlich spannenderen und anspruchsvolleren Interpretation zu vernachlässigen. Auch aus diesem Grund hat es sich zumindest anfangs als sinnvoll erwiesen, die zu untersuchende Karikatur auf Folie zu ziehen und zunächst gemeinsam im Plenum zu besprechen. Dies fokussiert die Aufmerksamkeit der Schülerinnen und Schüler; aufschlussreiche Spontanreaktionen und interessante erste Interpretationsansätze regen die gesamte Lerngruppe zum Denken an. Denn die affektive Ladung der Karikatur führt häufig zu einer affektiven Reaktion, die sich didaktisch fruchtbar machen lässt. In der Regel wird die Karikaturanalyse daher in den folgenden fünf Schritten erfolgen:

Pointierte Urteile führen zu affektiver Reaktion

1. Primärrezeption: Äußern von Eindrücken und Gefühlen und erste Reaktionen
2. Beschreibung: Verbalisierung dessen, was in der Zeichnung zu sehen ist
3. Analyse: Erschließen von Thema und Inhalt, Untersuchung der Stilmittel
4. Interpretation: Zusammenfassende Deutung der Aussage
5. Bewertung: Überprüfung des Urteils des Karikaturisten

Im Anschluss an die Erstbegegnung beginnt die eigentliche Arbeit mit einer umfassenden und detaillierten Beschreibung der Zeichnung. An dieser Stelle sollten auch Unklarheiten bezüglich zeichnerischer Symbole oder abgebildeter Personen thematisiert werden. Je nach Ausmaß des Informationsdefizits könnte sich dann eine Einzel- oder Partnerarbeitsphase unter Hinzuziehung ergänzender Quellen anschließen, bevor die Lerngruppe wieder gemeinsam zur Analyse und Interpretation der Karikatur übergeht. Nun werden Zeichnung und Kontext in Beziehung gesetzt, wird die bildhafte Aussage auf ihren inhaltlichen Kern reduziert, werden Aussage und Funktion der Karikatur kritisch hinterfragt und gewertet. Mögliche Leitfragen könnten lauten:

- Was ist das Thema der Karikatur?
- Mit welchen Mitteln (Figuren, zeichnerischen Techniken oder Symbolen) wird das Thema dargestellt?

- Welche Aussage trifft der Zeichner?
- Inwiefern stimmt die Aussage der Karikatur mit der Wirklichkeit überein?
- Wie ist die Position des Karikaturisten zu bewerten?
- Welche (zusätzlichen) Informationen benötigen wir für eine Beurteilung der Karikatur? Welche Fragen bleiben offen?

Ein verbindliches Modell der Karikaturanalyse kann es nicht geben. Letztendlich hängt es von der didaktischen Intention der Lehrkraft ab, welche Fragen man (in welcher Reihenfolge) stellt bzw. welche Impulse man setzt.

Zur Verwendung dieses Bandes

Problemorientierte Überschrift als Leitfrage für die Stunde

Bei der Konzeption des vorliegenden Bandes wurde versucht, die oben aufgelisteten Schwierigkeiten und Fallstricke der Karikaturarbeit durch gezielte Unterstützungsangebote zu minimieren. Autor und Verlag haben sich dabei auf folgende Präsentation verständigt, die pro Karikatur jeweils eine Doppelseite umfasst: Zunächst wird für jede Zeichnung eine problemorientierte Überschrift angeboten, die sich häufig auch als Leitfrage der jeweiligen Stunde für den Tafelanschrieb übernehmen lässt.

Auswahlkriterien: Lehrplanrelevanz, Gegenwarts- und Zukunftsbedeutung

Die Karikatur selbst liegt durchweg in hoher, kopierfähiger Qualität vor und umfasst nach Möglichkeit alle notwendigen Angaben wie Zeichner, Originaltitel, Erscheinungsort und -datum. Zentral bei der Auswahl der Karikaturen aus einem mehrere zehntausend Zeichnungen umfassenden Fundus waren zuallererst Lehrplanrelevanz und Interpretations- und Diskussionspotential. Des Weiteren kamen folgende Kriterien zum Tragen: Gegenwarts- und Zukunftsbedeutung des jeweils behandelten Aspekts, angemessener Schwierigkeitsgrad sowie Ästhetik der jeweiligen Zeichnung. Neben der Präferenz für zeitlose Karikaturen stand ferner das Bemühen um die Aufnahme frischer, unverbrauchter, oft auch ausländischer Karikaturen. Auf die Inklusion der klassischen, in den meisten Schulbüchern abgedruckten Zeichnungen wurde dagegen verzichtet.

Zu erlernende Fachtermini

Direkt unter der Karikatur findet sich eine Sammlung wichtiger Stichwörter und Fachbegriffe. Diese dient zum einem dazu, der Lehrkraft einen raschen Überblick hinsichtlich der Thematik der Zeichnung und *möglichen unterrichtlichen Anknüpfungspunkten* zu verschaffen. Gleichzeitig verweist die Liste auf zentrale Fachtermini, die bestenfalls von den Lernenden im Verlauf der Analyse eingebracht werden oder doch zumindest im zusammenfassenden Tafelbild auftauchen und dann auch gelernt werden sollten.

Schwierigkeitsgrade von 1 bis 3 zeigen möglichen Einsatzort an

Auf der zweiten Seite findet sich dann eine Einschätzung des Schwierigkeitsgrads der jeweiligen Zeichnung, eine knappe Beschreibung der Karikatur sowie Hinweise zur Interpretation bzw. zu Interpretations*möglichkeiten*. Der für jede Zeichnung angegebene Schwierigkeitsgrad basiert auf drei Stufen. „Leichte“ Karikaturen der Stufe 1 erfordern in der Regel wenig Vorwissen bzw. sind schneller „zu knacken“ als Zeichnungen der Schwierigkeitsstufe 3. Während letztere vor allem in der gymnasialen Oberstufen Verwendung finden werden, können die Karikaturen der Stufe 1 in der Mittelstufe aller Schulformen, teilweise schon ab der 7. Klasse, eingesetzt werden. Insbesondere die Themenblöcke I „Flüchtlingskrise – Einwanderung – Integration“ und VII „Werte – Wertewandel – Individualisierung – Familie“ weisen einen relativ hohen Anteil „leichterer“ Karikaturen auf. Die überwiegende Zahl der Karikaturen zu den übrigen Themen ist demgegenüber häufig deutlich komplexer. Ohnehin befassen sich die übrigen Themenblöcke II bis VI im Allgemeinen eher mit Oberstufeninhalten.

Tafelbilder und statistisches Material

Soweit es sinnvoll erschien, schließt sich an Beschreibung und Interpretation eine kurze Tafelbildskizze zu Kontext, Aussage und Bewertung der Karikatur an. Diese umfasst vielfach auch eine erneute Problematisierung und leitet so zur Weiterarbeit (etwa mit Texten) über. Stand ausreichend Platz zur Verfügung, wurden ergänzende und vertiefende Materialien zur Weiterarbeit, vor allem aktuelle Statistiken, direkt integriert. Last but not least finden sich je nach Karikatur drei bis vier Vorschläge für Arbeitsaufträge. Diese decken nach Möglichkeit

Karikaturspezifische Arbeitsaufgaben

von der Reproduktion über die Analyse bis zur kritischen Bewertung alle klassischen Anforderungsbereiche ab.

Die Bedeutung einer multiperspektivischen Herangehensweise an die Themen des Politikunterrichts wurde bereits hervorgehoben. Viele Zeichnungen thematisieren unterschiedliche Sichtweisen auf ein Thema und laden somit zur tieferen Auseinandersetzung und Diskussion ein (vgl. v. a. Abb. 3, 12, 19, 24, 33, 34, 40).

Kontrastive Parallelkarikaturen, Partnerarbeit, Stationenlernen

Während zahlreiche Arbeitsaufträge die Schüler zur (arbeitsteiligen) Partnerarbeit ermuntern, bieten sich Themenblöcke von fünf bis sechs Zeichnungen auch für Gruppenarbeit, etwa im Rahmen eines Stationenlernens oder einer Karikaturenralley, an.[2] Die unterschiedlichen Schwierigkeitsgrade erlauben darüber hinaus eine leistungsmäßige Differenzierung.

Doppelseitenprinzip: schnelle Orientierung und minimale Vorbereitungszeit

In Anbetracht des knappen zur Verfügung stehenden Raumes – Karikatur, Beschreibung, Interpretation, Tendenz der Karikatur, Zusatzmaterialien und Arbeitsanregungen sollten jeweils eine Doppelseite einnehmen – erwies es sich oft als unmöglich, die 48 Karikaturen in allen Einzelheiten zu beschreiben bzw. alle möglichen Interpretationen erschöpfend darzulegen. Der Übersichtlichkeit wurde hier der Vorzug vor Vollständigkeit gegeben. Ferner versteht es sich von selbst, dass die knappen, pointierten Interpretationen zwangsläufig nur *ein* Angebot sind und Raum für alternative Deutungsmöglichkeiten lassen.

2 Zum Stationenlernen mit Karikaturen und weiteren methodischen Vorschlägen vgl. Ulrich Schnakenberg, Die Karikatur im Geschichtsunterricht, Schwalbach/Ts.: Wochenschau Verlag, 2012, S. 119-167.

Anregungen für Aufgabenvorschläge

Neben den spezifischen Arbeitsanregungen, die sich jeweils direkt neben den einzelnen Zeichnungen finden, können alternativ allgemeine Arbeitsaufträge gestellt werden. Die folgenden Vorschläge sind – eventuell individuell je nach Zeichnung leicht abgewandelt – auf die Mehrzahl der im vorliegenden Band enthaltenen Karikaturen anwendbar.

Beschreibung, Interpretation und Wertung

- Notiere dir Fragen zur vorliegenden Karikatur.
- Beschreibe deinem Sitznachbarn detailgenau die vorliegende Karikatur.
- Recherchiere notwendige Hintergrundinformationen.
- Stelle eine Sammlung von zur Interpretation notwendigen Hintergrundinformationen zusammen.
- Diskutiere, inwieweit der Karikaturist für die eine oder die andere Seite Partei ergreift.
- Ordne den Zeichner politisch ein.
- Fasse die Aussage der Karikatur in ein bis zwei Sätzen zusammen.
- Lege dar, inwieweit du der Aussage der Karikatur zustimmst.
- Gib der Karikatur eine passende Bildunterschrift.
- Verfasse eine schriftliche Interpretation der Karikatur.
- Stelle deinem Sitznachbarn deine Interpretation der vorliegenden Karikatur vor. Diskutiert eventuelle Unklarheiten/Unterschiede in der Interpretation.

Handlungsorientierte Aufgaben

- Hebe in der Karikatur verwendete zeichnerische Symbole durch Pfeile/Einkreisen hervor und erläutere diese.
- Verfasse einen imaginären Brief, in dem der Karikaturist einem Freund die Beweggründe schildert, die ihn zu der Zeichnung animiert haben.
- Verfasse einen imaginären Brief/eine E-Mail des Chefredakteurs, in dem dieser dem Karikaturisten darlegt, warum die Zeichnung (in dieser Form) nicht veröffentlicht wird.
- Verfasse einen Dialog (z. B.: Wutausbruch), indem sich ein in der Zeichnung dargestellter Politiker gegenüber seinem persönlichen Mitarbeiter über die seiner Ansicht nach unzutreffende/verleumderische Karikatur beschwert.
- Ergänze die vorliegende Karikatur oder zeichne sie um.
- Zeichne (bzw. überlege dir Ideen für) eine Folgekarikatur. Nimm dabei zentrale Bildelemente auf.
- Zeichne (bzw. überlege dir Ideen für) eine Karikatur, die den gleichen Sachverhalt aus einer anderen Perspektive darstellt.
- Lege eine Sammlung aktueller Karikaturen an und präsentiere sie der Klasse.
- Schneide eine Woche lang die tägliche Karikatur aus der Tageszeitung aus und verfasse mithilfe der entsprechenden Artikel einen politischen Wochenrückblick.
- Präsentiere eine Karikatur deiner Wahl auf einem Plakat, indem du die Zeichnung mit kurzen Textpassagen, Fotos, Karten, Statistiken etc. erläuterst. (Ein umfangreiches Archiv preisgekrönter politischer Karikaturen findet sich hier: http://www.mitspitzerfeder.de)

Interpretationsraster

Titel **Erscheinungsdatum** **Zeichner** **Ort der Veröffentlichung**	
Thema	
Beschreibung (und Gestaltungsmittel)	
Interpretation	
Schlüssel- und Fachbegriffe	
Aussage	
Intention des Zeichners	
Persönliche Bewertung der Aussage	
Offene Fragen	

Literaturhinweise

Lamb, Chris: Drawn to extremes. The use and abuse of editorial cartoons, New York 2004
Krüger, Werner: Die Karikatur als Medium in der politischen Bildung, Opladen 1969
Schnakenberg, Ulrich: Geschichte in Karikaturen I, 1945 bis heute, Schwalbach/Ts. 2011
Schnakenberg, Ulrich: Die Karikatur im Geschichtsunterricht, Schwalbach/Ts. 2012
Schnakenberg, Ulrich: Politik in Karikaturen, Schwalbach/Ts. 2013
Schnakenberg, Ulrich: Geschichte in Karikaturen II, 1900 bis 1945, Schwalbach/Ts. 2014
Schnakenberg, Ulrich: China in der Karikatur. Problemorientierte Karikaturenrallye als Einstieg, in: Unterricht Wirtschaft und Politik, 4/2014, S. 10-15
Schnakenberg, Ulrich: Helmut Schmidt in der Karikatur. Eine visuelle Geschichte seiner Kanzlerschaft, Schwalbach/Ts. 2016
Schnakenberg, Ulrich: Der Kalte Krieg in der Karikatur, Schwalbach/Ts. 2017
Werner, Johannes: Die Karikatur im historisch-politischen Unterricht, Stark Verlag o. J.

Karikatur-Sammlungen

Bresser, Klaus: Die Karikaturen des Jahres, 1989-1997
Brooks, Charles (Hrsg.): Best Editorial Cartoons of the Year, 1972 ff.
Haitzinger, Horst: Politische Karikaturen, 1972 ff.
Luff: Luff ertappt! [Politische Karikaturen von Rolf Henn], 1989 ff.

Online-Archive

http://www.mitspitzerfeder.de [Homepage des „Deutschen Preises für die politische Karikatur", die ein Archiv preisgekrönter Zeichnungen umfasst]
http://www.badische-zeitung.de/karikaturen [Ausgezeichnetes Karikaturenarchiv der Badischen Zeitung]
http://tomicek.de/ [Homepage des Karikaturisten Jürgen Tomicek]
http://www.cartoons.ac.uk [sehr empfehlenswerte Homepage des British Cartoon Archive. Umfasst ein riesiges Archiv an politischen und historischen Karikaturen]
http://editorialcartoonists.com/ [Homepage der „Association for American Editorial Cartoonists. Umfasst ein riesiges Archiv aktueller Karikaturen]
http://www.memri.org/cartoon/en/category.htm [Die Homepage des „Middle East Media Research Institute" bietet Karikaturen aus der arabischen Welt]
http://archiv.thomasplassmann.de/ [Archiv des Karikaturisten Thomas Plaßmann]
http://www.stuttmann-karikaturen.de [Homepage des Karikaturisten Klaus Stuttmann]

Schlagwortverzeichnis

1. Zieht Europa die Zugbrücke wieder hoch? Willkommenskultur versus restriktive Flüchtlingspolitik

Schwierigkeitsgrad

2

Beschreibung

Im Zentrum der Karikatur steht eine dunkle, massiv gebaute Burg. Auf zweien ihrer Türme wehen EU-Flaggen. Während auf einer der anderen Zinnen zahlreiche „Ritter" mit Langschwertern gegeneinander kämpfen, wurde die Zugbrücke der Burg niedergelassen. Eine größere Anzahl von Menschen, von denen einer einen Rotkreuz-Koffer, ein anderer einen Korb voll Waren und wieder andere ein Schild mit der Aufschrift „Herzlich willkommen" tragen, überquert auf diesem Wege den Burggraben. Sie gehen auf die Menschen außerhalb der Burg zu; ein erster Ankömmling wird umarmt.

Weitere Details: Die teils nur schemenhaft erkennbaren Menschen(massen) am rechten unteren Bildrand haben zum Teil die Arme erhoben und scheinen aus einem Zug zu strömen.

Deutung

Die „Festung Europa" ist (zumindest vorübergehend) geöffnet: Während die Burgherren (Politiker, Medien und Bürger der EU) erbittert darum streiten, wie mit dem seit Sommer 2015 massiv anschwellenden Flüchtlingszustrom umzugehen ist, praktizieren zahlreiche Deutsche und andere Europäer gelebte Solidarität mit den Verzweifelten, begrüßen die Flüchtlinge und versorgen sie mit dem Nötigsten.

Zum Zeitpunkt der Karikatur erlebte die Fluchtbewegung nach Europa ihren ersten Höhepunkt. Täglich kamen nach einer oft gefährlichen Flucht über die Ägäis, den Balkan und Österreich mehrere tausend Menschen in deutschen Bahnhöfen an, wo sie von freiwilligen Helfern teils begeistert willkommen geheißen wurden.

Diese „Willkommenskultur" war jedoch von Anfang an umstritten, sowohl innerhalb Europas als auch innerhalb der einzelnen Mitgliedsstaaten. Auf europäischer Ebene trugen mit Schweden, Österreich und Deutschland drei Länder die Hauptlast der Fluchtwelle, während viele andere Mitgliedsstaaten der EU eine Aufnahme von Flüchtlingen vehement ablehnten.

Ergänzende Materialien

M1

Europäischer Vergleich
- Asylbewerber pro 1.000 Einwohner 2015

Land	Anträge /1.000 Einwohner
Ungarn	17,9
Schweden	16,9
Österreich	10,4
Norwegen	6,1
Finnland	5,9
Deutschland	5,9
Schweiz	4,9
Luxemburg	4,6
Malta	4,3
Liechtenstein	4,0
Belgien	4,0
Dänemark	3,7
Bulgarien	2,8
Niederlande	2,7
Zypern	2,6
Italien	1,4
Griechenland	1,2
Frankreich	1,2
Island	1,1
Irland	0,7
Vereinigtes Königreich	0,6
Polen	0,3
Spanien	0,3
Estland	0,2
Lettland	0,2
Tschechische Republik	0,1
Slowenien	0,1
Litauen	0,1
Portugal	0,1
Rumänien	0,1
Slowakei	0,1
Kroatien	0,05

0,0 2,0 4,0 6,0 8,0 10,0 12,0 14,0 16,0 18,0 20,0

BAMF ■ Anträge /1.000 Einwohner Quelle: Eurostat

M2

Europäischer Vergleich
- Asylbewerber pro 1.000 Einwohner 1.1. - 30.6.2016

Land	Anträge /1.000 Einwohner
Deutschland	4,6
Ungarn	2,3
Schweiz	1,8
Schweden	1,6
Belgien	0,8
Island	0,8
Norwegen	0,3
Slowenien	0,3
Polen	0,2
Zypern	0,0
Vereinigtes Königreich	0,0
Tschechische Republik	0,0
Spanien	0,0
Slowakei	0,0
Rumänien	0,0
Portugal	0,0
Österreich	0,0
Niederlande	0,0
Malta	0,0
Luxemburg	0,0
Litauen	0,0
Liechtenstein	0,0
Lettland	0,0
Kroatien	0,0
Italien	0,0
Irland	0,0
Griechenland	0,00
Frankreich	0,00
Finnland	0,00
Estland	0,00
Dänemark	0,00
Bulgarien	0,00

0,0 0,5 1,0 1,5 2,0 2,5 3,0 3,5 4,0 4,5 5,0

BAMF ■ Anträge /1.000 Einwohner Quelle: Eurostat

Arbeitsaufträge

1. Werte die Statistik M1 aus und fasse die wichtigsten Ergebnisse in mindestens fünf Sätzen zusammen.
2. Recherchieren aktuelle Daten zur Entwicklung der Flüchtlingszahlen und stelle diese grafisch dar.
3. „Die Willkommens-Politik: Ein Grund, stolz auf Deutschland zu sein?" Verfasse einen Kommentar mit diesem Titel für eine (Online-)Zeitung.

Oliver Schopf, von Bürgern und Burgherren
(Süddeutsche Zeitung, 7. September 2015)

Schlagworte

Flüchtlingskrise, Einwanderung, Festung Europa, Dublin, Abschottung, EU, Flüchtlingspolitik, Flüchtling, Osteuropa, Willkommenskultur

2. „Festung Europa“?
Darf, muss, kann Europa sich gegenüber Flüchtlingen abschotten?

Schwierigkeitsgrad	1
Beschreibung	Die Karikatur besteht im Wesentlichen aus einer Karte des westlichen Mittelmeerraumes. Auf den Gebieten Marokkos, Algeriens und Tunesiens lassen sich zahlreiche Menschen ausmachen, die sich alle in Richtung Küste bewegen. Dort wird die Menschenmenge immer dichter. Während einige der (schwarzen!?) Strichmenschen schweres Gepäck auf dem Kopf tragen, haben andere bereits kleine Boote bestiegen, mit denen sie ihre Reise nach Norden fortsetzen: Alle Boote steuern direkt auf die andere Seite des Mittelmeeres zu – trotz der Tatsache, dass Europa von einer hohen Mauer umgeben ist. Weitere Details: Vom europäischen Festland aus blicken ein Spanier sowie ein Franzose den überfüllten Nussschalen relativ entspannt entgegen.
Deutung	Schoenfelds aus den 1990er Jahren stammende Karikatur ist heute genauso aktuell wie damals: Auch im einundzwanzigsten Jahrhundert machen sich hunderttausende Afrikaner mit „Sack und Pack“ auf ins „gelobte Land“ Europa. Damals wie heute gaben die verzweifelten Menschen viel Geld für Schlepper aus und setzten bei der Überfahrt ihr Lebens aufs Spiel (vgl. die völlig überfüllten Boote). Damals wie heute versuchte Europa der Migrationsströme Herr zu werden, wobei die „Festung Europa“ bislang weitestgehend nur aus symbolischen Mauern besteht. Ob Schoenfeld die europäische Einwanderungs- und Asylpolitik als „Abschottungspolitik“ kritisiert oder ob er im Gegenteil Ängste vor der massenhaften Einwanderung „kulturfremder“ (vgl. das Minarett) Afrikaner schürt, wird dabei nicht recht deutlich, weshalb beide Interpretationen plausibel erscheinen.

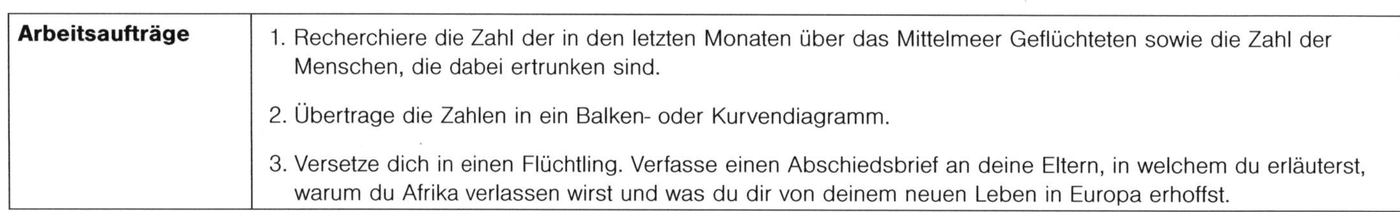

Arbeitsaufträge	1. Recherchiere die Zahl der in den letzten Monaten über das Mittelmeer Geflüchteten sowie die Zahl der Menschen, die dabei ertrunken sind. 2. Übertrage die Zahlen in ein Balken- oder Kurvendiagramm. 3. Versetze dich in einen Flüchtling. Verfasse einen Abschiedsbrief an deine Eltern, in welchem du erläuterst, warum du Afrika verlassen wirst und was du dir von deinem neuen Leben in Europa erhoffst.

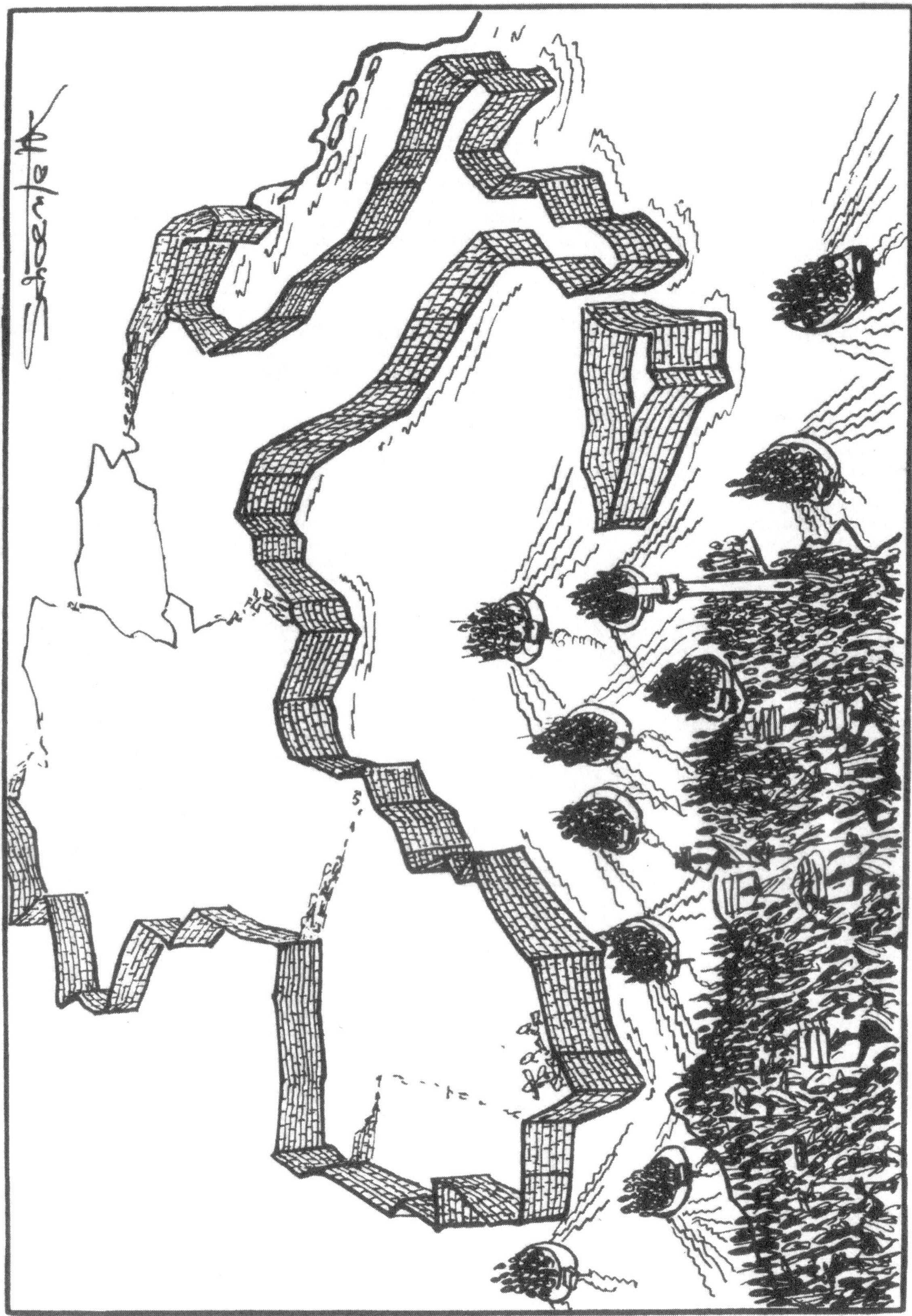

Karl-Heinz Schoenfeld, Festung Europa, o.J.

Schlagworte

Flüchtlinge, Auswanderung, Dritte Welt, Armut, Hunger, Unterdrückung, Mittelmeerroute, Balkanroute, Mittelmeeranrainer, Asyl, Hot Spots, europäische Gemeinschaft, gemeinsame Asylpolitik, Dublin, Umverteilung, sichere Drittstaaten, liberale Asylpolitik, Küstenschutz, NGOs, Schlepper, Menschenschmuggel, „Festung Europa", Fluchtursachen

3. „Wir schaffen das!" oder „Wollen wir das schaffen?"

Schwierigkeitsgrad	2
Beschreibung	Die Karikatur ist recht einfach gehalten. Links im Bild erkennt man eine große Anzahl von Menschen, die gemeinsam einen riesigen Betonblock o. Ä. mit der Aufschrift „Wir schaffen das" in die Höhe stemmen. Die Männer und Frauen stehen dabei so dicht gedrängt, dass man die einzelnen Individuen kaum erkennen kann. Rechts im Bild befindet sich ein etwa halb so großer Betonklotz, auf welchem das Wort „nicht" zu lesen ist. Der Betonklotz liegt auf dem Boden, während obenauf ein gutes Dutzend Personen sitzt (teils mit verschränkten Armen) und die Beine herunterbaumeln lässt.
Deutung	Thomas Plaßmanns Karikatur ist ungefähr ein Jahr nach dem inzwischen berühmt gewordenen Kanzlerinnen-Wort vom „Wir schaffen das" entstanden. Angela Merkel machte ihre Aussage auf einer Pressekonferenz am 31. August 2015 und damit kurz vor dem dramatischen Anstieg der Flüchtlingszahlen seit September 2015, als teilweise 10.000 Menschen täglich in Deutschland ankamen. Nach Ansicht Plaßmanns unterstützt eine deutliche Mehrheit der Deutschen weiterhin die Politik der Bundesregierung, trotz des Zustroms von weit über einer Million Menschen seit 2015. Während der Karikaturist die „große Mehrheit der Deutschen" lobt, die „mit anpacken" und so die Integration der Neuankömmlinge erst ermöglichen, kritisiert er diejenigen, die den Satz „Wir schaffen das" ablehnen. Solange man nur herumnörgele bzw. „herumsitze" und nichts für die Eingliederung der Zuwanderer tue, werde die Kritik an der Kanzlerin zur selbst erfüllenden Prophezeiung. Thomas Plaßmann fordert die Skeptiker daher dazu auf, aus der „Schmollecke" herauszukommen und aktiv an der „Herkulesaufgabe" (vgl. die Größe des Betonblocks) der Integration der Flüchtlinge in die Gesellschaft mitzuarbeiten.

Arbeitsaufträge	1. Liste auf, welche konkreten Maßnahmen für eine möglichst reibungslose Aufnahme bzw. Integration der Flüchtlinge nötig sind. Unterscheide dabei zwischen kurzfristigen und langfristigen Maßnahmen. 2. Recherchiere aktuelle Meinungsumfragen zum Thema und vergleiche diese mit der Aussage Thomas Plaßmanns. 3. Der damalige Bundespräsident Joachim Gauck sagte im August 2016: „Ich mag mir eine Regierungschefin nicht vorstellen, die vor das Volk tritt und sagt: Wir schaffen das nicht." Beziehe Stellung.

Thomas Plaßmann, ohne Titel
(Neue Rhein Zeitung, 1. August 2016)

Schlagworte

Flüchtlingskrise, Bürgerkrieg, Genfer Flüchtlingskonvention, Schutzbedürftige, Schutzsuchende, Asyl, politisch Verfolgte, Armutsflüchtlinge, Integration, Eingliederung, Aufnahmekapazitäten, Obergrenzen, Willkommenspolitik, Familiennachzug, Bundesregierung, Bundeskanzlerin, Angela Merkel, Parteien, Opposition, AfD

4. Sichere Herkunftsstaaten und Verschärfung des Abschieberechts – Ende der Willkommenspolitik?

Schwierigkeitsgrad	3
Beschreibung	Die Karikatur besteht aus zwei Einzelbildern. Das linke Bild zeigt ein Buch. Auf dem Cover des Bandes „Wir schaffen das“ erkennt man eine Karikatur Angela Merkels: Die Bundeskanzlerin wird eher unvorteilhaft mit herunterhängenden Mundwinkeln und dicken Backen dargestellt; die Finger hat sie zur so genannten „Merkel-Raute“ geformt. Unter dem Titel des Buches ist zu lesen: „Neuauflage: inhaltlich überarbeitet! Härter! Anreizloser!“ Das rechte Bild zeigt das aufgeschlagene Inhaltsverzeichnis des Buches mit den Kapiteln „Verschärfung des Asylrechts, schnelle Abschiebung, sichere Herkunftsländer, Sachleistungen statt Taschengeld“.
Deutung	Nach dem starken Anwachsen der Flüchtlingszahlen insbesondere seit der Entscheidung der Bundeskanzlerin Anfang September 2015, zehntausenden in Ungarn gestrandeten Flüchtlingen die Weiterreise in die Bundesrepublik zu ermöglichen, vollzog sich in Deutschland zunehmend ein Wandel von einer Zustimmung zu einer Ablehnung der Flüchtlingspolitik der Regierung. Während die Bundeskanzlerin weiterhin an ihrem Mantra vom „Wir schaffen das“ festhielt, verabschiedete der Deutsche Bundestag auf Initiative ihrer Regierung in den folgenden Monaten mehrere Gesetze, die unter anderem die Zahl der sicheren Herkunftsstaaten ausweitete, die schnellere und konsequentere Abschiebung abgelehnter Asylbewerber erleichterte sowie in den Asylunterkünften die Ausgabe von Sachleistungen anstatt von Taschengeld vorsahen.
Ergänzende Materialien	M1 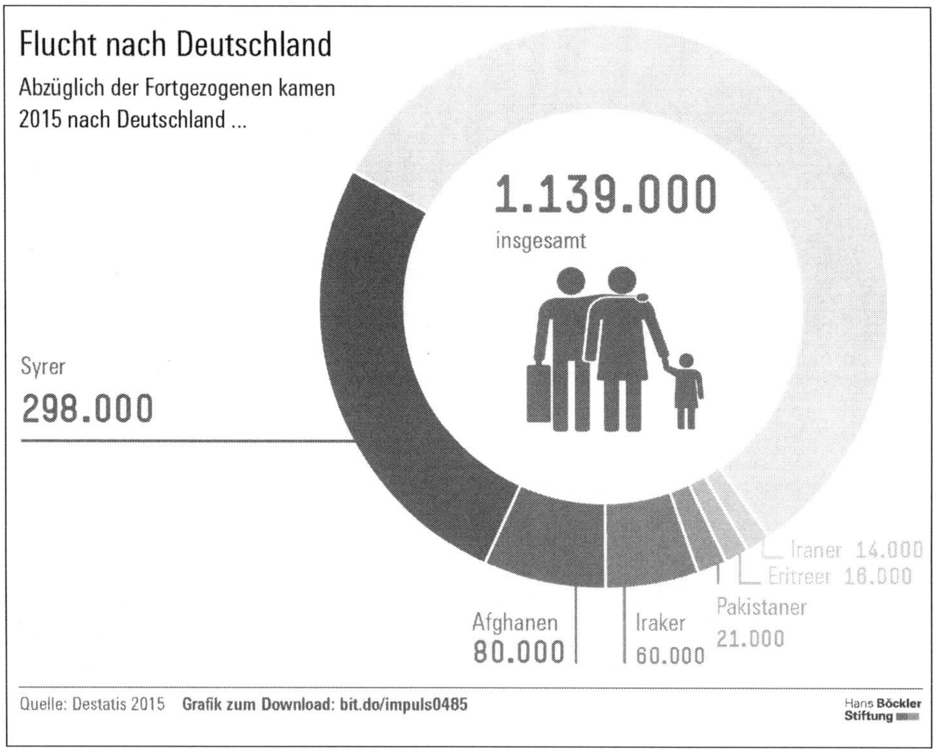 **Flucht nach Deutschland** Abzüglich der Fortgezogenen kamen 2015 nach Deutschland ... 1.139.000 insgesamt Syrer 298.000 Afghanen 80.000 Iraker 60.000 Pakistaner 21.000 Eritreer 18.000 Iraner 14.000 Quelle: Destatis 2015 **Grafik zum Download: bit.do/impuls0485** Hans Böckler Stiftung

Arbeitsaufträge	1. Erkläre, was der Karikaturist mit dem Begriff „anreizloser“ meint. 2. Experten gehen davon aus, dass ein großer Teil der Flüchtlinge dauerhaft in Deutschland bleiben wird. Für viele stellt sich daher die Frage; „Wie schaffen wir das?“. Mache dir stichpunktartig Notizen, wie Integration gelingen kann. 3. Beziehe schriftlich zu der beschlossenen „Verschärfung des Asylrechts“ Stellung. Verwende dabei auch die Statistik M1.

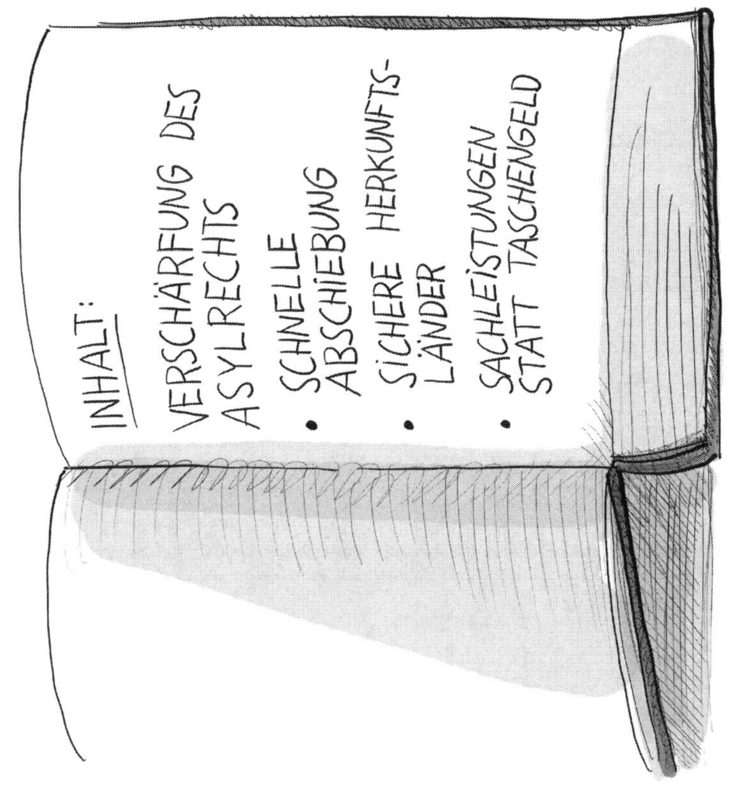

Heiko Sakurai, ohne Titel, Dezember 2015
(Heiko Sakurai, Cartoons des Jahres 2015, Berlin, S. 157)

Schlagworte

Flüchtlingspolitik, EU, Umverteilungspolitik, Wahlen, rechtspopulistische Parteien, AfD, Rechtsextremismus, Pegida, Grundgesetz, Asyl, Genfer Flüchtlingskonvention, Abschiebung, sichere Herkunftsstaaten, Abschreckung, Sachleistungen

5. „Haben Sie politische oder wirtschaftliche Gründe?" Wie geht man mit Armutsflüchtlingen um?

Schwierigkeitsgrad	2
Beschreibung	Das Auge des Betrachters fällt zunächst auf die vierköpfige Familie in der Bildmitte. Die Mutter trägt Kopftuch und hält ein Kleinkind im linken Arm, den rechten hat sie um ihr zweites Kind, ein Mädchen, gelegt. Der Familienvater hat einen dunklen Schnurrbart und hält ein Päckchen unter dem Arm. Alle vier Familienmitglieder stehen eng beieinander, während ihre großen Augen auf den Mann mit Brille links im Bild gerichtet sind. Dieser ist von der Familie durch einen Schreibtisch getrennt, sein Profil liegt im Dunkeln. Man erkennt nur, dass er auf einer Art Bürostuhl sitzt und einen Stift in der Hand hält. Vor ihm auf dem Schreibtisch liegen zwei Stapel Papier. Im Bildhintergrund sind die Schriftzüge „Libanon", „Afghanistan", „Iran", „Kosovo", „Somalia", „Bosnien" und „Sudan" zu lesen. Aus dem schwarz gehaltenen Hintergrund steigt zudem dunkler Rauch auf. Die Bildunterschrift schließlich lautet: „Haben Sie politische oder wirtschaftliche Gründe?"
Deutung	In den 1980er und 1990er Jahren nahm die Zahl der Flüchtlinge und Asylbewerber in Deutschland und Europa immer stärker zu. Die Ursachen waren zum einen die nicht enden wollenden, jahrzehntelangen Bürgerkriege in Staaten wie dem Libanon, Afghanistan und Somalia und zum anderen die neuen Kommunikations- und Transportmöglichkeiten einer zunehmend globaler werdenden Welt, welche eine Flucht aus den Konfliktgebieten erst möglich gemacht haben. Die Bundesrepublik verfolgte lange Zeit eine – im europäischen Vergleich – sehr großzügige Asylpolitik. Diese war mit dem Artikel 16 („Politisch verfolgte genießen Asyl") fest im Grundgesetz verankert. Aufgrund der stark steigenden Flüchtlingszahlen – insbesondere nach dem Fall des Eisernen Vorhangs 1989 – wurde die europäische Asylpolitik jedoch zunehmend rigider gehandhabt. Dies betraf insbesondere die Aufnahme von „Armutsflüchtlingen". Gleichzeitig entbrannte ein Streit darüber, inwieweit eine Unterscheidung in politische und wirtschaftliche Flüchtlinge überhaupt gerechtfertigt ist. Mit welchem Recht werden „Wirtschafts-" oder „Armutsflüchtlinge" abgelehnt, wenn doch wirtschaftliche Not potentiell genauso tödlich ist wie politische Verfolgung? Angestoßen auch durch Erfolge rechtsextremer Parteien bei Lokal- und Landtagswahlen traten außerdem erregte Diskussionen darüber in den Vordergrund, wie viele Flüchtlinge (und andere Einwanderer) Deutschland bzw. Europa maximal aufnehmen kann. Während die Befürworter einer Zuzugsbegrenzung auf die finanziellen Belastungen sowie mögliche ethnische Spannungen verwiesen, pochte die Gegenseite auf den Artikel 16 und lehnte eine Änderung des Grundgesetzes in diesem Punkt ab.
Ergänzende Materialien	M1 **Hinweise des Bundesamtes für Migration und Flüchtlinge zur deutschen Asylgesetzgebung:** Politisch ist eine Verfolgung dann, wenn sie dem Einzelnen in Anknüpfung an seine politische Überzeugung, seine religiöse Grundentscheidung oder an für ihn unverfügbare Merkmale, die sein Anderssein prägen, gezielt Rechtsverletzungen zufügt, die ihn ihrer Intensität nach aus der übergreifenden Friedensordnung der staatlichen Einheit ausgrenzen. Das Asylrecht dient dem Schutz der Menschenwürde in einem umfassenderen Sinne. ... Berücksichtigt wird grundsätzlich nur staatliche Verfolgung, also Verfolgung, die vom Staat ausgeht. ... Allgemeine Notsituationen wie Armut, Bürgerkriege, Naturkatastrophen oder Perspektivlosigkeit sind damit als Gründe für eine Asylgewährung grundsätzlich ausgeschlossen. Hier kommt unter Umständen die Gewährung von subsidiärem Schutz in Betracht. Bei einer Einreise über einen sicheren Drittstaat ist eine Anerkennung als Asylberechtigter ausgeschlossen. Dies gilt auch, wenn eine Rückführung in diesen Drittstaat nicht möglich ist, etwa weil dieser mangels entsprechender Angaben des Asylbewerbers nicht konkret bekannt ist. http://www.bamf.de/DE/Migration/AsylFluechtlinge/Asylrecht/asylrecht-node.html

Arbeitsaufträge	1. Recherchiere zu einem der in der Zeichnung erwähnten Länder und berichte der Klasse anschließend in einem fünfminütigen Kurzvortrag über Art, Form und Dauer der Konflikte in diesem Staat. 2. Erörtere, inwieweit die Unterscheidung zwischen „politischen Flüchtlingen" auf der einen und „Wirtschaftsflüchtlingen" auf der anderen Seite sinnvoll ist. 3. Interpretiere die Hinweise in M1 und verfasse einen Kommentar zur Asylpolitik der Bundesrepublik in den letzten Jahren.

„Haben Sie politische oder wirtschaftliche Gründe?“

Fritz Behrendt, „Haben Sie politische oder wirtschaftliche Gründe?“, o.J.

Schlagworte

Asyl, Grundrecht auf Asyl, Grundgesetz, Grundgesetzänderung, sichere Drittstaaten, Asylbewerber, Aufenthaltsrecht, Anerkennung, abgelehnte Asylbewerber, Abschiebung, Deportation, Bleiberecht, Duldung, Krisengebiete, Wirtschaftsflüchtlinge, Kriegsflüchtlinge, Bürgerkrieg, failed states, zerfallende Staaten, Schlepper

6. Brauchen wir eine „deutsche Leitkultur“? Die Diskussion um Einbürgerungstests, Werte und Integration

Schwierigkeitsgrad	3
Beschreibung	Die dargestellte Situation spielt sich offensichtlich auf einem Amt ab. In der Abteilung „Einbürgerung“ hockt verschüchtert, mit eingesunkenen Schultern und sich an seinen Hut klammernd, ein südländisch aussehender Mann mit schwarzen Haaren und schwarzem Schnurrbart. Ihm gegenüber, auf der anderen Seite des Schreibtisches, sitzt ein Beamter, der, auf einen Zettel schauend, nachdenklich-herablassend vor sich hin murmelt: „Ihre Testergebnisse ...?!! Volksliedkaraoke ganz schwach, Schweinskopfsülze kaum angerührt ... sieht nicht gut aus!“
Deutung	Der Karikaturist Thomas Plaßmann greift mit seiner Zeichnung die Debatte um den 2008 bundesweit eingeführten Einbürgerungstest auf. Er macht diesen lächerlich durch die scherzhafte Behauptung, dort würden Disziplinen wie „Volksliedkaraoke“ und das Essen von Schweinskopfsülze getestet. Aus der Sicht Plaßmanns sind die Einbürgerungstests unangebracht/diskriminierend, da sie Groteskes/Triviales abfragen und potentiell Einbürgerungswillige abschrecken.
Ergänzende Materialien	Für und Wider Einbürgerungstest

Pro Einbürgerungstest	Contra Einbürgerungstest
– um den Test zu bestehen, muss der Einbürgerungswillige die deutsche Sprache beherrschen	– der Test diskriminiert Ausländer
– mit dem Test wird Verständnis der deutschen Sprache überprüft	– der Test enthält (auch für Deutsche) schwierige Fragen
– „wer Deutscher werden will, muss sich anstrengen“	– die Relevanz der Fragen ist zweifelhaft
– klassische Einwanderungsländer knüpfen die Einbürgerung ebenfalls an Bedingungen	– der Test kann allein durch Auswendiglernen gemeistert werden, schafft noch keine innerliche Verbindung zu Deutschland
– „unsere Werte verdeutlichen“	– sollen Einwanderer überhaupt deutsche Werte übernehmen?
	– was sind „deutsche“ Werte?

Arbeitsaufträge	1. Recherchiere im Netz einen Einbürgerungstest und versuche die Fragen zu beantworten. 2. Erörtere das Für und Wider des Vorschlags, eine Verleihung der deutschen Staatsbürgerschaft von der erfolgreichen Absolvierung eines Einbürgerungstests abhängig zu machen. 3. Erörtere schriftlich die Frage: „Aufgrund der dramatischen demografischen Entwicklung braucht Deutschland nicht weniger, sondern mehr Zuwanderer.“

Thomas Plaßmann, ohne Titel, o.J.

Schlagworte

Doppelte Staatsbürgerschaft, Einbürgerungstest, Immigration, Integration, Leitkultur, Werte, Religion, Frauenrechte, Kopftuchdebatte, Migrationshintergrund

7. Wollen wir nun ausländische Hochqualifizierte oder nicht? Die Nichtexistenz einer deutschen Einwanderungspolitik

Schwierigkeitsgrad	2
Beschreibung	Die Karikatur zeigt ein Haus, dessen Tür und Fenster mit zahlreichen Zetteln beklebt sind: „Ausländische Fachkräfte willkommen!“ (wobei das „willkommen“ durchgestrichen ist), „Bitte warten!“ und „(Nicht) Doch willkommen!“ Während am Türknauf ein Schild mit dem Wort „Moment!“ Befestigt ist, liest man auf dem verschlossenen Rollladen rechts das Wort „offen!“. Weitere Details: Über der Klingel ist eine Art Länderkennzeichen (D) angebracht; rechts im Bild stehen zwei Männer und eine Frau, die Koffer in der Hand halten. Sie blicken verwirrt in Richtung Hauseingang. Unterschrieben ist die Karikatur mit dem Wort „Signalwirkung“.
Deutung	Thema der Karikatur ist die deutsche Einwanderungspolitik. Die Bundesrepublik hat über viele Jahre eine große Zahl an Gastarbeitern, Russlanddeutschen und Flüchtlingen aufgenommen. Seit dem Anwerbestopp für Gastarbeiter 1974 hatten es Ausländer, die in Deutschland arbeiten wollten, allerdings oft schwer, eine dauerhafte Aufenthaltsbewilligung zu bekommen. Dies galt sogar für Hochqualifizierte oder auch für Studenten, die in Deutschland erfolgreich ein Studium absolviert hatten. Etwa um die Jahrtausendwende entschloss sich die damalige rot-grüne Regierung, diesen Zustand zu ändern. Daraufhin wurde, entsprechend dem Vorbild klassischer Einwanderungsländer wie den USA, Kanada oder Australien, eine Art „Green Card“ für ausländische Fachkräfte eingeführt. Die Resonanz auf diese Initiative blieb jedoch sehr verhalten, da das Gesetz hohe Hürden wie zum Beispiel einen erheblichen Mindestverdienst für potentielle Einwanderer vorsah. Hinzu kamen immer wieder polemische Äußerungen, Verunglimpfungen oder auch Ausschreitungen gegen Ausländer. Nik Ebert kritisiert das unentschlossene und widersprüchliche Vorgehen der deutschen Gesellschaft und Politik, welches auf potentielle Fachkräfte eine fatale „Signalwirkung“ hat. Deutschland, dieser Ansicht scheint der Karikaturist zu sein, kann auf die Einwanderung Hochqualifizierter nicht verzichten.

Arbeitsaufträge	1. Liste in einer Tabelle auf, welche Argumente für eine höhere Einwanderungsquote in Deutschland sprechen und welche dagegen. 2. Recherchiere zur Einwanderungspolitik klassischer Einwanderungsländer wie Kanada oder USA. 3. Diskutiere, inwiefern Deutschland sich ein Beispiel an der Politik der klassischen Einwanderungsländer nehmen sollte.

Signalwirkung

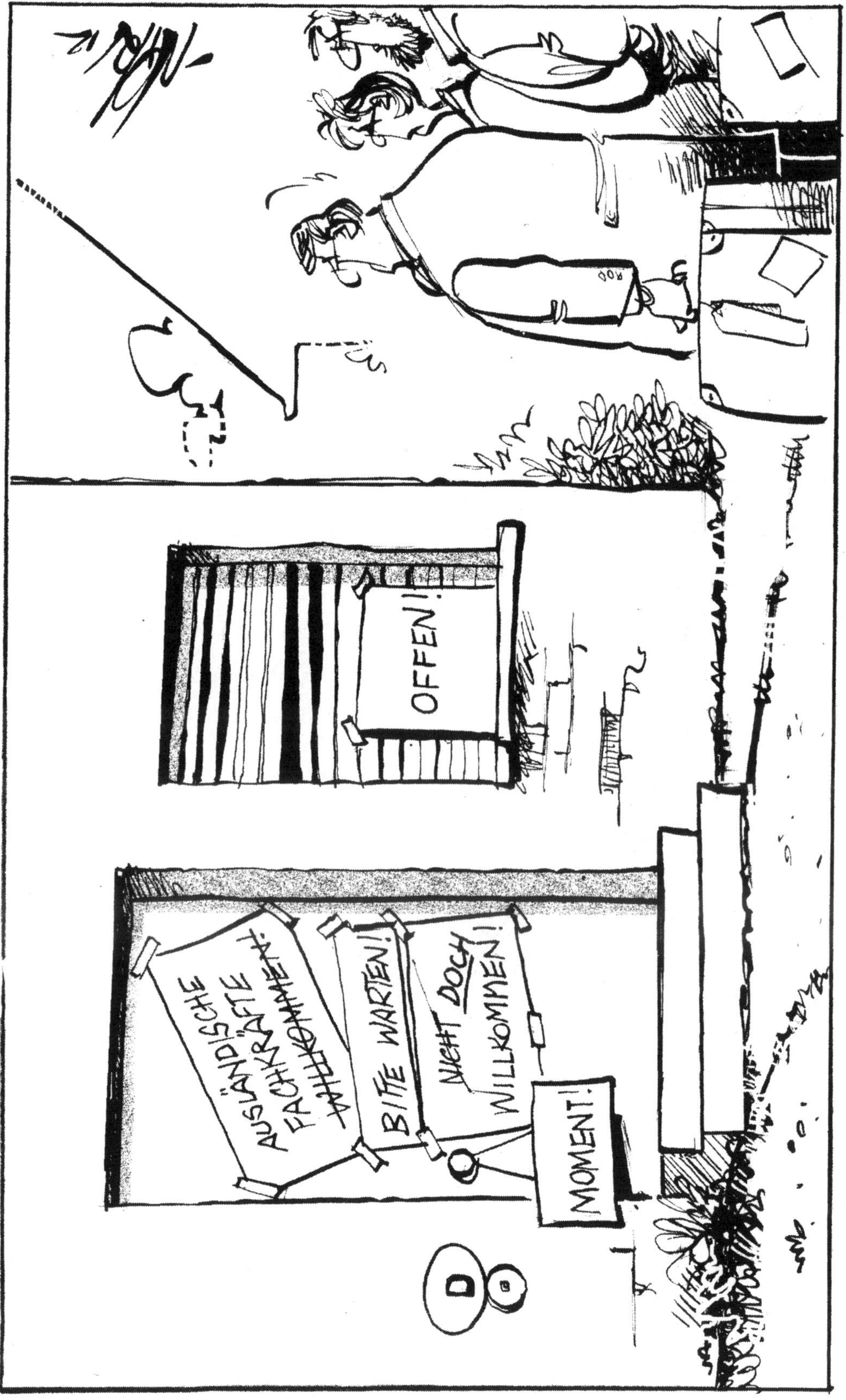

Nik Ebert, Signalwirkung
(Rheinische Post, 6. Dezember 2012)

Schlagworte

Einwanderung, Einwanderungspolitik, Hochqualifizierte, Fachkräfte, Green Card, Anwerbung, Geringqualifizierte, Arbeitslosigkeit, offene Stellen, Integration, Integrationspolitik, klassische Einwanderungsländer, BIP, brain drain, Studenten, Bleiberecht, IT-Experten, Zuzugshürden, Ausländerfeindlichkeit

8. Das Ende von „Multi-Kulti“? – Probleme der Integration

Schwierigkeitsgrad	2-3
Beschreibung	Die Karikatur ist in zwei Einzelbilder unterteilt: Im linken Bild sieht man einen Mann friedlich im Bett liegen, der selig von „Multi-Kulti“, Blumen, Musik und Liebe träumt. Im zweiten Bild wird der Mann unsanft von einem überdimensionalen Wecker aus dem Schlaf gerissen, auf dem „Rütli-Schule usw.“ steht. Der riesige Wecker zeigt 0.05 Uhr an und dröhnt so laut, dass dem eben noch Schlafenden die Haare zu Berge stehen. Der Titel der Zeichnung lautet „Böses Erwachen“.
Deutung	Nach Ansicht Haitzingers hat die deutsche Gesellschaft – oder haben Teile der deutschen Gesellschaft – lange Zeit die Probleme der Integration verharmlost: Die Deutschen hingen mehrheitlich dem Traum einer multikulturellen Gesellschaft an, glaubten also an ein friedliches, bereicherndes „Nebeneinanderherleben“ von Einwanderern und deutscher Mehrheitsbevölkerung. Folgerichtig forderten sie von den Migranten aus unterschiedlichen Kulturkreisen auch keine Integration, ja teilweise noch nicht einmal das Erlernen der deutschen Sprache oder die Anerkennung der Werte des Grundgesetzes ein. Auf diesen jahrzehntelangen „Tiefschlaf“ erfolgte in den 2000er Jahren ein „böses Erwachen“: Die 2006 bekannt gewordenen Zustände an der Rütli-Schule in Berlin-Neukölln (Verweigerung, Einschüchterung und Gewalt ausgehend von Jugendlichen mit muslimisch-arabischem Migrationshintergrund) rüttelten Politik und Gesellschaft auf – allerdings sehr spät, in Haitzingers Sicht vielleicht zu spät: es ist auf seiner Uhr bereits „fünf nach zwölf“.
Ergänzende Materialien	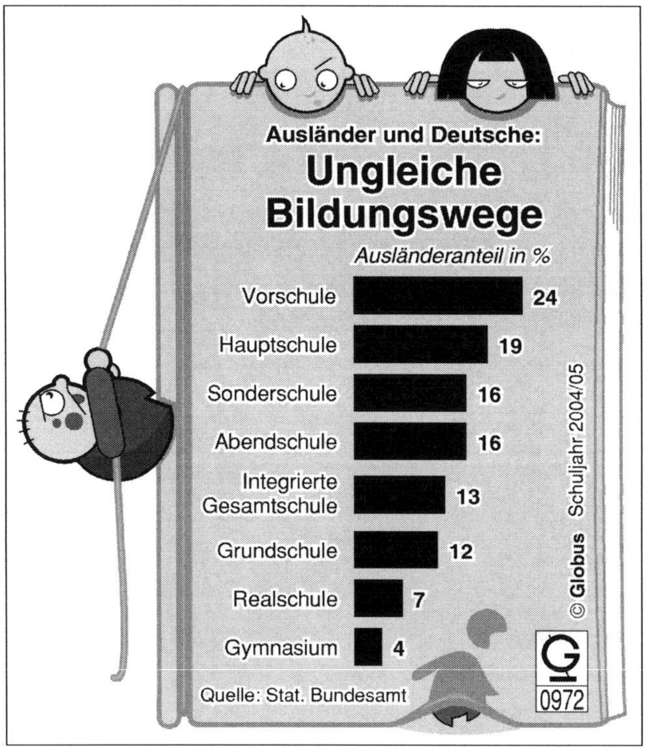 **Ausländer und Deutsche:** **Ungleiche Bildungswege** *Ausländeranteil in %* Vorschule 24 Hauptschule 19 Sonderschule 16 Abendschule 16 Integrierte Gesamtschule 13 Grundschule 12 Realschule 7 Gymnasium 4 Quelle: Stat. Bundesamt © Globus Schuljahr 2004/05 0972

Arbeitsaufträge	1. Recherchiere online Zeitungsartikel zum Thema „Rütli-Schule“ (achte auf die Seriosität der Quelle!). 2. Identifiziere Hauptprobleme der Integration und zeige mögliche Lösungswege auf. 3. Beurteile die Aussage der Karikatur.

Böses Erwachen

Horst Haitzinger, Böses Erwachen
(Soester Anzeiger, 4. April 2006)

Schlagworte

Multikulturelle Gesellschaft, Integration, Immigration, Migrationshintergrund, Schule, Bildung, Ausbildungsreife, Integrationsprobleme, Motivation, Perspektivlosigkeit, Anstrengung, Werte, Ghettobildung, Gewalt, Prävention

9. Demokratie, Islamismus oder einfach nur Chaos? Die Folgen des regime change in Libyen

Schwierigkeitsgrad	3
Beschreibung	Im Mittelpunkt der Karikatur steht der kümmerliche Rest einer Statue mit der Aufschrift „Gaddafi-Regime“. Auf dem Sockel stehen lediglich noch ein paar Schuhe sowie Unterschenkel, aus denen Metall ragt. Der Torso der Statue liegt zerstört am Boden. Dennoch lässt sich erkennen, dass es sich bei der dargestellten Person um Muammar al Gaddafi handelt. Rechts im Bild steht ein Mann mit Zylinder und Ziegenbart (Uncle Sam, Personifikation der USA) sowie eine Frau in hochhackigen Schuhe, deren abgestellte Handtasche das Akronym „EU“ aufweist. Beide blicken ängstlich-fragend (vgl. die Fragezeichen in der Gedankenblase) auf den sich erhebenden Sockel des Denkmals: Aus einem dunklen Loch vor ihnen ragen zwei Arme heraus, welche die Statue langsam hochstemmen. Die Bildunterschrift lautet: „„... Demokratie? ... El-Kaida? ... Chaos?“‘.
Deutung	Nach einem mehrere Monate währenden Kampf zwischen regierungstreuen Truppen und den Kräften der Opposition wurde Muammar al Gaddafi im Sommer 2011 nach vierzig Jahren an der Spitze Libyens vertrieben. Nachdem seine Gegner im Verlauf des Jahres – unter anderem auch mit britischer und französischer Unterstützung – immer weiter vorgerückt waren, endete der Bürgerkrieg – vorerst – mit der Niederlage des alten Regimes und dem Tod des Diktators. Während sich die USA aus den Kampfhandlungen herausgehalten hatten, zeigte sich die EU ob der Frage einer Libyen-Intervention gespalten. Während Frankreich und das Vereinigte Königreich für einen Libyen-Einsatz waren, votierten andere Länder dagegen. Die deutsche Bundesregierung zog im In- und Ausland harsche Kritik auf sich, weil sie sich bei der Abstimmung im UN-Sicherheitsrat der Stimme enthielt. Der Regimewechsel in Libyen steht im Kontext der arabischen Revolution des Jahres 2011. Diese nahm ihren Ausgang in Tunesien verbreitete sich rasch in weiteren muslimischen Staaten. Zum Zeitpunkt der Veröffentlichung der Karikatur waren die Regierungen in Tunesien und Ägypten bereits gestürzt – ohne dass klar war, was an ihre Stelle treten würden. Würden sich die Menschen für die Demokratie entscheiden? Was für eine Demokratie wäre das? Oder würden Islamisten an die Macht kommen und eine religiös gefärbte Diktatur wie im Iran errichten? Wird es gelingen, nach den Unruhen die Ordnung rasch wiederherzustellen oder wird weiterhin Chaos und Anarchie herrschen, in deren Folge Nordafrika zur neuen Brutstätte des islamistischen Terrors wird? Heute spricht vieles für die pessimistische Sicht, die Haitzinger hier bereits andeutet.

Arbeitsaufträge	1. Informiere dich auf der Grundlage von Berichten renommierter Zeitungen über die aktuelle Lage in Libyen. 2. Tragt eure Informationen zunächst in Partnerarbeit, dann in Gruppenarbeit zusammen. 3. Diskutiert, in welche Richtung sich Libyen heute entwickelt.

Horst Haitzinger, „... Demokratie? ... El-Kaida? ... Chaos?“
(Soester Anzeiger, 23. August 2011)

Schlagworte

Regime change, militärische Intervention, UNO, UNO-Sicherheitsrat, arabischer Frühling, Demokratisierung, Libyen, Diktatur, Gaddafi, Islamismus, Terrororganisationen, Schlepper, Flüchtlinge, Europäische Union

10. Demokratisierung des Nahen Ostens? Das Beispiel Irak

Schwierigkeitsgrad	3
Beschreibung	Im Zentrum der Karikatur stehen elf Männer, die mit vier überdimensionalen Puzzleteilen mit der Aufschrift „schiitische Muslime“, „sunnitische Muslime“, „Kurden“ und „Irak nach dem Krieg“ hantieren. Die Männer, die allesamt Brillen und weiße (?) Hemden tragen, wirken ratlos: einer hält nachdenklich die Finger an den Mund, zwei andere raufen sich die – sehr lichten – Haare. Links im Bild steht derweil Onkel Sam. Die Arme verschränkt und mit weit aufgerissenen Augen den Betrachter der Karikatur anblickend, spricht er die Worte: „Nur Geduld Leute ... Das könnte eine Weile dauern.“ Weiteres Detail: An einer Staffelei hängt eine Karte, die ebenfalls aus vier – unbeschrifteten – Puzzleteilen besteht.
Deutung	Der amerikanische Karikaturist Kal thematisiert hier die Folgen des US-geführten Irakkrieges des Jahres 2003. Eines der Argumente, mit denen damals für eine Invasion des Landes geworben wurde, war die „Demokratisierung des Nahen Ostens“. Die Realität sieht heute gänzlich anders aus: Der von Saddam mit eiserner Faust zusammengehaltene Start zerfällt. Während die Kurden im Norden auf ihre Autonomie pochen, führen die Sunniten gegen die die Machtzentralen dominierenden Schiiten einen inzwischen jahrelangen Krieg. Von friedlichen demokratischen Zuständen ist das Land weit entfernt. Kal kritisiert mit seiner Zeichnung die mangelnde Weitsicht der Bush-Administration. Die tiefen ethnisch-religiösen Differenzen zwischen den einzelnen Volksgruppen hat diese bei der Ausarbeitung ihrer Invasionspläne offensichtlich ignoriert (vgl. die vier unbeschrifteten großen Teile). Inzwischen wirkt Onkel Sam (das amerikanische Volk) angesichts des über zehn Jahre währenden militärischen Engagements im Irak ziemlich genervt. Dabei ist für Kal klar: Der Irak ist keine Nation – er wird voraussichtlich in seine ethnisch-religiösen Einzelteile zerfallen (die Puzzleteile passen nicht zusammen).

Arbeitsaufträge	1. Recherchiert in Gruppenarbeit aktuelle Entwicklungen im Irak. 2. Stellt die Ergebnisse erst in der Gruppe und dann im Plenum vor. 3. Beziehe schriftlich Stellung zur Aussage des Karikaturisten.

KAL (Kevin Kallaugher), ohne Titel, o.J.
(Kevin Kallaugher: Kal draws criticism, S. 111)

Schlagworte

Naher Osten, Irak, US-Außenpolitik, Militärintervention, UNO, UNO-Sicherheitsrat, nation building, Diktatur, Demokratieexport, failed states, Tribalismus, Clans, ethnische Zerrissenheit, Religion, Islam, Sunniten, Schiiten, Kurden

11. Afghanistan – „mission accomplished“?

Schwierigkeitsgrad	3
Beschreibung	Im Zentrum der Karikatur stehen zwei Uniformierte, die beide ein an einem Stock befestigtes Bündel über der Schulter tragen. Ihre Mütze bzw. ihr Helm sind tief ins Gesicht gezogen, dem einen Soldaten scheint ein Bein amputiert worden zu sein, der andere trägt ein Bein in Gips. Neben dem Soldaten rechts befindet sich zudem ein Reisekoffer. Weitere Details: Der linke Soldat übergibt zwei orientalisch gekleideten Männern einen Besen mit den Worten „Keine Angst! Wir bleiben in Kontakt ...!“. Und während man im Bildhintergrund brennende Ruinen, ein zerstörtes Auto, eingeschlagene Raketen sowie ein kleines Kreuz sieht, erkennt man im Bildvordergrund eine Bretterbude mit der Aufschrift „Karsai & Co“, diverse Krater, einen Totenschädel sowie ein weiteres Kreuz.
Deutung	Nik Ebert thematisiert hier die „Machtübergabe“ der US-geführten NATO-Kräfte an die afghanische Regierung (Hamid Karsai war von 2001 bis 2014 Präsident des Landes). Die NATO zieht ihre Truppen angesichts des schwindenden Rückhalts des Auslandseinsatzes in der eigenen Bevölkerung (vor allem aufgrund der wachsenden Zahl eigener Opfer – vgl. die Blessuren der zwei Soldaten) vom Hindukusch ab: Die Soldaten haben ihr „Bündel geschnürt“ und ihre „Koffer gepackt“. Das „Reinemachen“, also die Befreiung des Landes von den Taliban sowie den Wiederaufbau nach mehr als dreißig Jahren Krieg (vgl. die Zerstörungen), überlassen sie nach Ansicht Eberts nun der Regierung in Kabul. Ebert kritisiert den Abzug, den er für überstürzt hält: Seiner Ansicht nach werden die Afghanen mit ihren Problemen allein gelassen (vgl. den ironisch gemeinten Ausspruch des US-Soldaten). Die afghanische Regierung hält er für nicht in der Lage, für Stabilität, Sicherheit und Wohlstand im Land zu sorgen (vgl. den armseligen Bretterverschlag, der symbolisch für die überforderte und weitgehend machtlose Regierung in Kabul steht).
Ergänzende Materialien	**Afghanistan: Vierzig Jahre Krieg** 1979: Die Sowjetunion interveniert, um das kommunistische Regime in Kabul zu stützen. Es folgt ein jahrelanger Krieg zwischen der UdSSR und islamistischen Mudschahedin. 1989: Abzug der sowjetischen Truppen; Bürgerkrieg zwischen verschiedenen ethnischen und religiösen Gruppen sowie der kommunistischen Regierung in Kabul (bis 1992) 1996: Die Taliban gelangen an die Macht; Widerstandskämpfer im Norden Afghanistan kämpfen gegen die neuen Herrscher. 2001: UN-sanktionierte NATO-Intervention nach den Terroranschlägen vom 11. September: Der Terrorist bin Laden wird von den Taliban geschützt; Taliban werden aus Kabul vertrieben; Bürgerkrieg zwischen Anhängern des von der NATO unterstützten Präsidenten Karsai und den versprengten Taliban bis heute. Die Taliban verüben immer wieder Terroranschläge; die NATO kündigt den Abzug ihrer Truppen an. 2016: Der neue Präsident Ghani erklärt Friedensverhandlungen mit den Taliban für gescheitert.

Arbeitsaufträge	1. Mache dich anhand des Zeitstrahls mit der jüngeren Geschichte Afghanistans vertraut. 2. Interpretiere die Karikatur. 3. Diskutiere, ob der Einsatz der NATO (und der Bundeswehr) in Afghanistan nach 15 Jahren beendet werden sollte.

Machtübergabe in Afghanistan

Nik Ebert, Machtübergabe in Afghanistan
(Rheinische Post, 7. Dezember 2011)

Schlagworte

Afghanistan, Krieg, Frieden, Militärintervention, Bürgerkrieg, UNO, NATO, KFOR, vernetzte Sicherheit, USA, Deutschland, Taliban, Pakistan, Wiederaufbau, Terrorbekämpfung, Drogenanbau, ethnisch-religiöse Konflikte, Tribalismus, Islamismus, Fundamentalismus, Demokratisierung, westliche Werte, Terror, nation-building, NGOs, Abzug

12. Bürgerkrieg und Massenmord mit Gewalt stoppen? Pro und Contra militärische Interventionen

Schwierigkeitsgrad	3
Beschreibung	Im Mittelpunkt der Karikatur stehen zwei große Tore. Vor dem linken Tor ist ein Wegweiser mit der Aufschrift „Syrien“ angebracht, dahinter tut sich ein Meer aus Flammen auf, aus welchem zahlreiche Hilferufe ertönen. Vor dem rechten Torbogen (der etwas anders geformt ist als der linke) steht ein Schild mit der Aufschrift „Libyen“. Dahinter tobt ebenfalls ein Feuer; allerdings sind hier zwei Feuerwehrmänner im Begriff, die Flammen zu löschen. Auf der Uniform des rechten Feuerwehrmannes ist dabei der Schriftzug „NATO“ zu lesen, auf den beiden Hebebühnen steht „US“ bzw. „EU“. Weitere Details: Aus dem rechten Torbogen entweicht dunkler Rauch, obwohl das Feuer hier weitgehend gelöscht scheint. Dies könnte darauf hindeuten, dass es eine Verbindung zwischen „Libyen“ und „Syrien“ gibt.
Deutung	Eberts Karikatur stammt aus dem Jahr 2011, als der „arabische Frühling“ in Nordafrika und in Syrien zu Protesten, Aufständen und Bürgerkriegen führte. Anders als in Libyen griffen von der UN beauftragte Mächte in Syrien bislang nicht ein. Bombenangriffe und Massaker an der Zivilbevölkerung sind dort weiterhin an der Tagesordnung, ein Waffenstillstand oder gar Frieden ist bis heute nicht in Sicht. In Libyen stellte sich die Situation – zunächst – anders dar. So stimmte der UNO-Sicherheitsrat – bei Enthaltung Deutschlands – einer Resolution zu, welche den Einsatz der französischen und britischen Luftwaffe gegen den Diktator Gaddafi sanktionierte. Unter anderem auch mit dieser Hilfe wurde der Tyrann 2011 nach rund vierzig Jahren Alleinherrschaft gestürzt. Befriedet wurde das Land allerdings bis zum heutigen Tage nicht, auch wenn es zum Zeitpunkt der Zeichnung zunächst danach aussah. Aktuell gibt es in Libyen zwei Regierungen, die sich gegenseitig nicht anerkennen und mit militärischen Mitteln bekämpfen. Das Land ähnelt immer mehr Syrien und entwickelt sich zunehmend zu einem *failed state*.

Arbeitsaufträge	1. Interpretiere die Karikatur. 2. Vergleiche die Aussage des Karikaturisten mit der aktuellen Situation in den beiden Staaten. 3. Diskutiere Pro und Contra eines Engreifens der internationalen Staatengemeinschaft in den Konflikt in Syrien bzw. in Libyen.

Unerhört

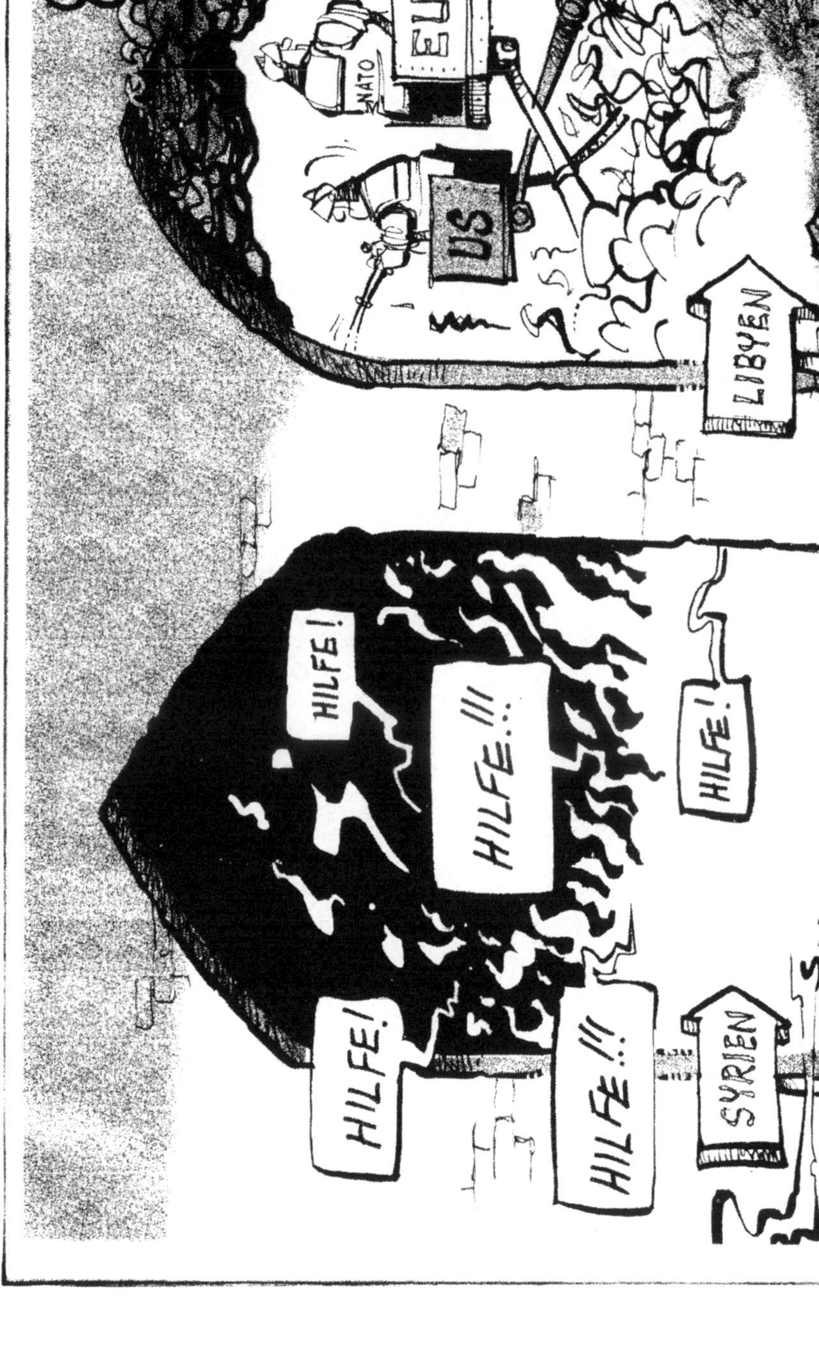

Nik Ebert, Unerhört
(Rheinische Post, 21. Juni 2011)

Schlagworte

Syrien, Libyen, arabischer Frühling, UNO, Militärintervention, UNO-Sicherheitsrat, Vetorecht, Luftschläge, Bodentruppen, Bürgerkrieg, Völkermord, Diktatur

13. Bürgerkrieg in Syrien – Muss sich Deutschland stärker engagieren?

Schwierigkeitsgrad	2
Beschreibung	Die Karikatur zeigt drei stämmige Soldaten (einen Amerikaner, einen Briten und einen Franzosen), die jeweils mehrere große Raketen über der Schulter tragen bzw. festhalten und sich aus der Bildmitte nach links bewegen. Dort wartet ein Bus, welcher die Aufschrift „Syrien" sowie „westl. Welt" aufweist; am Steuer sitzt Mutter Erde. Rechts im Bild steht etwas abseits ein vergleichsweise kleiner Mann mit Zipfelmütze (Symbol für den deutschen Michel). Dieser trägt einen überdimensionierten Rucksack, auf welchem das Wort „Bedenken" zu lesen ist. Die Bildunterschrift lautet: „Traditionelle Rollen".
Deutung	Nick Eberts Karikatur bezieht sich auf die Diskussionen um ein (stärkeres) westliches Engagement im syrischen Bürgerkrieg. In dem Land toben nach dem Ausbruch des Arabischen Frühlings im Jahr 2011 nicht enden wollende und kaum noch überschaubare Auseinandersetzungen. Ein Eingreifen der UNO scheiterte bislang immer am Veto Russlands und Chinas im Sicherheitsrat der Vereinten Nationen. In den USA und Großbritannien wurde ein entschlosseneres militärisches Vorgehen gegen die Regierung in Damaskus und den IS im Norden des Landes kontrovers diskutiert; Frankreich weitete Bombardements von IS-Stellungen als Reaktion auf die Terroranschläge im eigenen Land 2015 und 2016 aus. Dagegen steht Deutschland Militäreinsätzen aus historischen Gründen traditionell reserviert gegenüber und konzentrierte sich bislang auf die Ausbildung und Ausrüstung kurdischer Anti-IS-Kämpfer. Nik Ebert scheint die deutschen „Bedenkenträger" (man beachte das Wortspiel und den überdimensionierten Rucksack) zu kritisieren. Er plädiert offensichtlich für ein stärkeres deutsches Engagement im syrischen Bürgerkrieg.
Ergänzende Materialien	M1 **Der Syrienkonflikt** b. = bekämpft u. = unterstützt

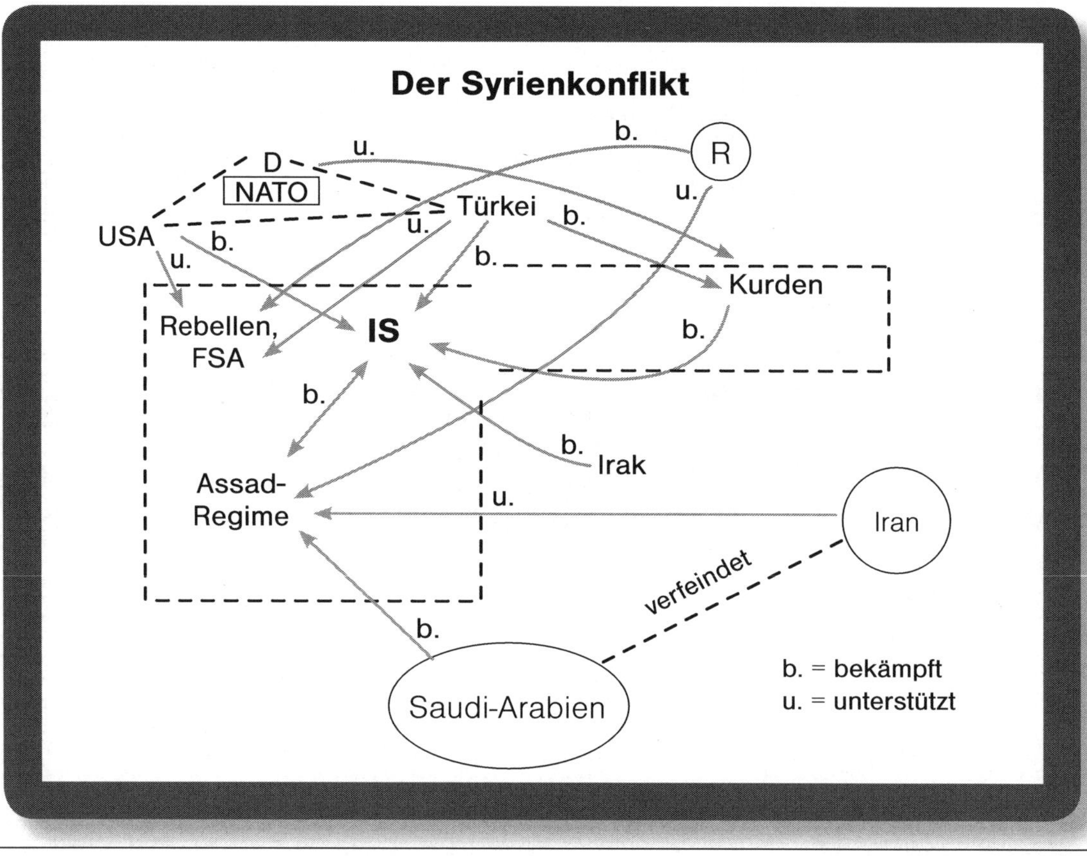

Arbeitsaufträge	1. Gruppenarbeit: Listet alle euch bekannten Konfliktparteien in Syrien auf. 2. Notiert die Konfliktparteien jeweils auf einzelne Zettel und ordnet diese in einer Mindmap an. Ergänzt die Mindmap anschließend um Pfeile und knappe Erklärungen. 3. Beziehe Stellung zu der Frage, warum eine Befriedung des Konflikts in Syrien so schwierig ist bzw. wie diese zu erreichen ist.

Traditionelle Rollen

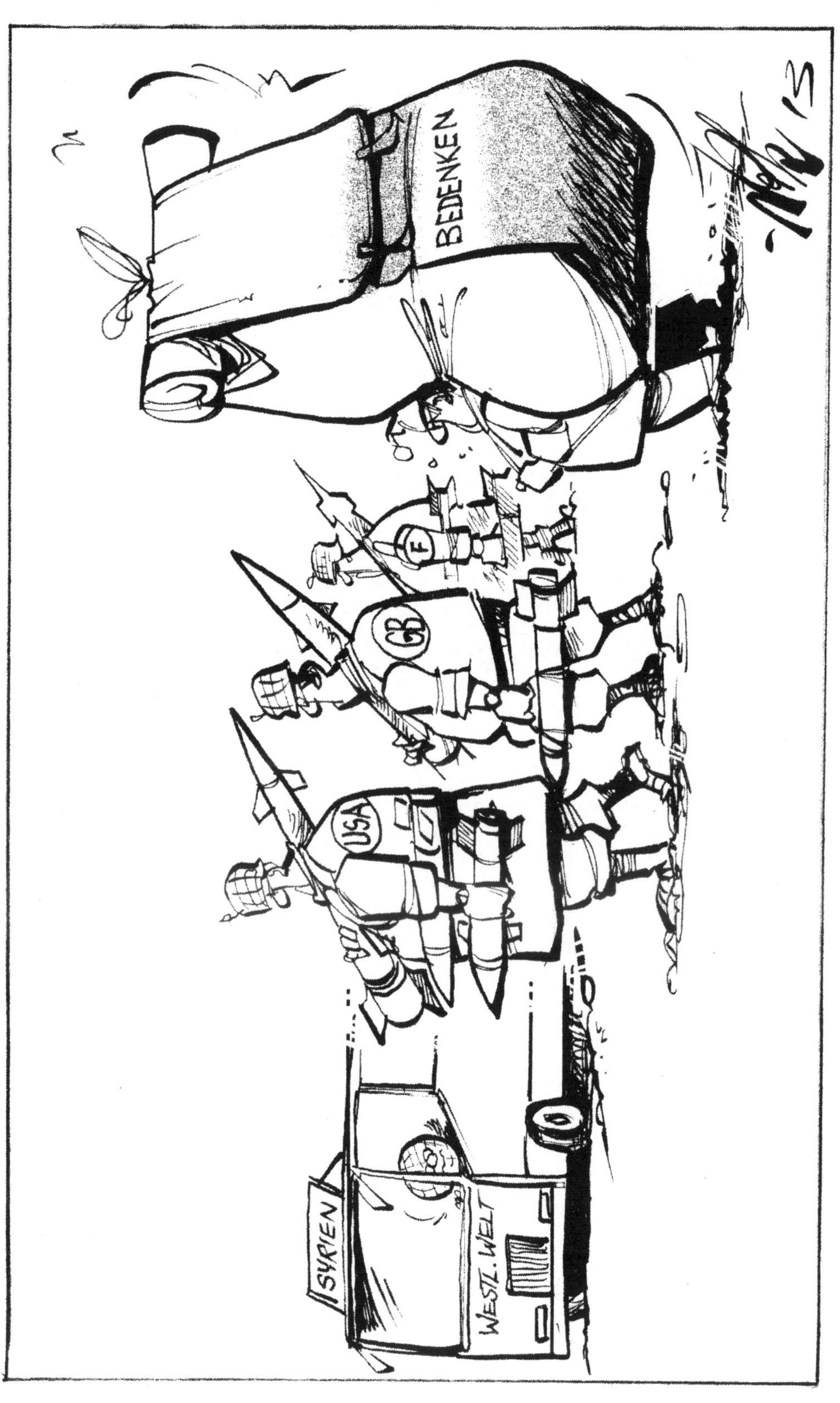

Nik Ebert, Traditionelle Rollen
(Rheinische Post, 29. August 2013)

Schlagworte

Syrien, arabischer Frühling, Bürgerkrieg, militärische Intervention, UNO, Bodentruppen, Luftschläge, Terror, IS, Fundamentalismus, Kurden, USA, Großbritannien, Frankreich, Deutschland, Russland, Türkei, Saudi-Arabien, Auslandseinsätze, Bundeswehr, Bundesverfassungsgericht, out-of-area, Pazifismus, gerechter Krieg, Völkerrecht

14. Völkermord stoppen durch Wirtschaftssanktionen oder gezielte Tötungen?

Schwierigkeitsgrad	2-3
Beschreibung	Die Bildunterschrift lautet übersetzt „Gerechte Kriege führen ... durch gezielte Luftangriffe!" (linkes Bild) bzw. „durch Sanktionen ..." (rechtes Bild). Im linken Bild erkennt man eine Straßenszene in einem arabischen (?) Land (vgl. die Palmen, die Schleier und das scheichartige Gewand des Mannes links). Während zahlreiche Zivilisten, vor allem Frauen mit Kindern, entspannt über die Straße spazieren, blicken zwei Soldaten, das Maschinengewehr in der Hand, ängstlich gen Himmel. Sie befinden sich im Zentrum eines riesigen Fadenkreuzes. Das rechte Bild zeigt die gleiche Straße. Anstatt des einen großen Fadenkreuzes erkennt man jetzt zahlreiche kleinere, in deren Mitte nun jeweils die Personen aus dem linken Bild zumeist leblos am Boden liegen. Und während im Bildvordergrund die beiden Mütter ihre toten Kinder beweinen, verzehren die zwei Soldaten einen Snack und gehen entspannt ihres Weges.
Deutung	Asay kommentiert mit seiner Zeichnung die Debatte über wirtschaftliche Sanktionen gegenüber Staaten, die das Völkerrecht verletzt haben. Seiner Ansicht nach treffen diese Sanktionen weniger die politisch Verantwortlichen und Mächtigen, sondern vielmehr die Zivilbevölkerung. Im Irak war dies in den 1990er Jahren tatsächlich der Fall: Dort kamen hunderttausende Zivilisten um, weil Nahrungsmittel, Medikamente und medizinische Geräte aufgrund von Exportverboten nicht mehr eingeführt werden konnten. Wie aber kann man dann verbrecherische Regime zu einer Politikänderung zwingen? Asays Vorschlag, Verantwortliche durch gezielte Tötungen aus der Luft zu eliminieren, ist ebenso umstritten. Zumal die heute in der Regel durch Drohnen ausgeführten „gezielten" Luftschläge immer wieder auch zivile Opfer fordern.

Arbeitsaufträge	1. Partnerarbeit: Recherchiert im Netz zum Einsatz von Drohnen (Wer? Wo? Gegen wen? Warum? Wie?). 2. Stellt eure Ergebnisse in Gruppenarbeit vor und diskutiert Pro und Contra von Drohneneinsätzen. 3. Einzelarbeit: Erörtere schriftlich Pro und Contra von Drohneneinsätzen.

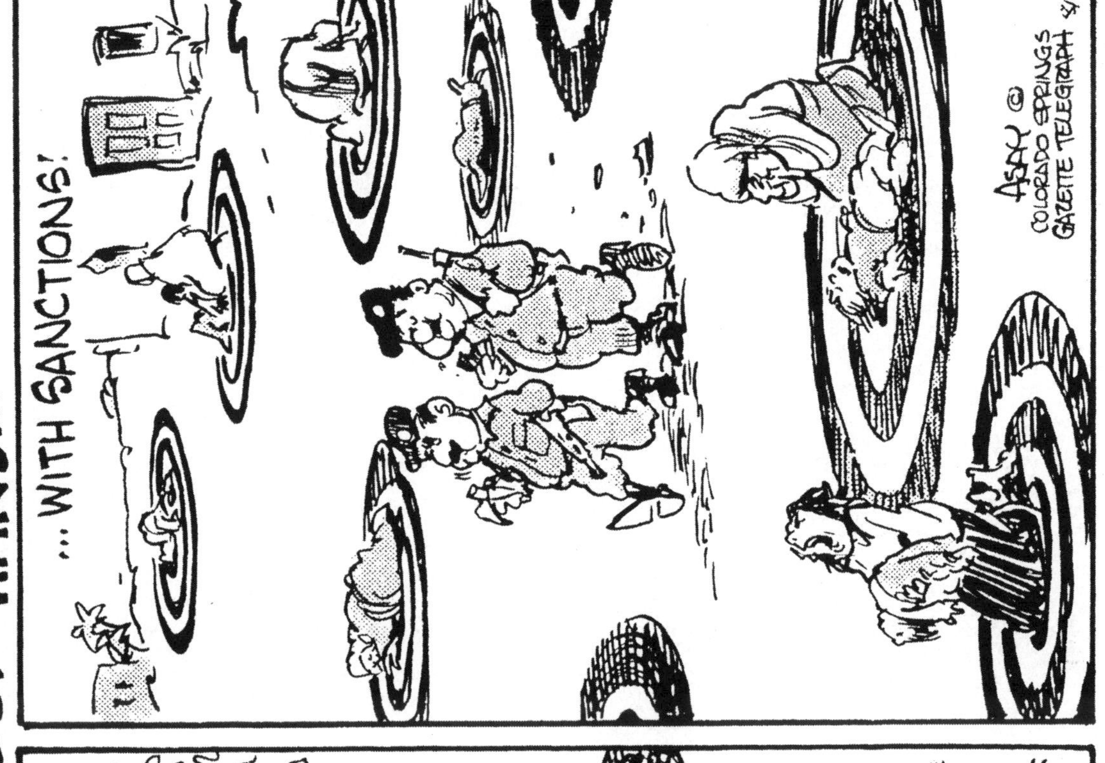

Chuck Asay, Fighting „just" wars ...
(Colorado Springs Gazette Telegraph, 1991)

Schlagworte

Internationale Konflikte, Kriege, gerechter Krieg, Kollateralschäden, Kriegsrecht, Völkerrecht, UNO, UN-Sicherheitsrat, Vollversammlung, Sanktionen, Konfliktprävention, Intervention, Prinzip der Nichteinmischung, innere Angelegenheiten, Völkermord, Schutzverantwortung, responsibility to protect, Drohnen, Luftschläge, gezielte Tötungen, Menschenrechtsverletzungen, Menschenrechte

15. Al Qaida, IS und Boko Haram – unaufhaltsamer Aufstieg der Terrorregime?

Schwierigkeitsgrad	2-3
Beschreibung	Im Zentrum der Karikatur stehen drei Rennwagen, die durch die Schriftzüge „Al Qaida", „IS" und „Boko Haram" näher gekennzeichnet sind. Abgesehen von den unterschiedlichen Schriftzügen unterscheiden sich die Rennautos kaum voneinander. Auf allen drei Fahrzeugen sind große Totenschädel abgebildet, und auch die Rennfahrer ähneln einander stark: Alle drei erinnern an schwarze Kapuzenmänner, von denen jeweils nur die Augen sichtbar sind. Die drei Rennwagen rasen nebeneinander über einen Berg verzweifelter Menschen (vgl. die ängstlich aufgerissenen Augen der Gestalten unter den Autos) bzw. um Hilfe rufender Skelette. Dabei scheint der Rennwagen von Al Qaida auf dem ersten, der vom IS auf dem zweiten und der von Boko Haram auf dem dritten Platz zu liegen. Die Bildunterschrift lautet „Über Leichen".
Deutung	Nik Ebert thematisiert mit seiner Zeichnung die Ausbreitung islamistischer Terrorgruppen in den letzten Jahren. Al Qaida wurde einer breiten Öffentlichkeit vor allem aufgrund der Anschläge vom 11. September 2001 bekannt, der IS (vormals ISIS) entwickelte sich aus der Konkursmasse der zerfallenden Staaten Irak und Syrien. Die Terrorsekte Boko Haram wiederum hat sich seit einigen Jahren in Westafrika (Mali, Nigeria) festgesetzt. Während der Einfluss Al Qaidas inzwischen rückläufig ist, dehnten IS und Boko Haram ihren Machtbereich zuletzt weiter aus. In ihren Herrschaftsgebieten errichteten beide Organisationen Terrorregime, welche „Ungläubige" (Christen und Angehörige anderer Glaubensrichtungen des Islam als der eigenen) brutal verfolgen. Um Angst zu verbreiten und eine möglichst breite Öffentlichkeit zu erreichen, massakrieren sie ihre Gegner teilweise bestialisch vor laufenden Kameras. Aber auch die „eigene Bevölkerung" leidet unter dem brutalen Regime der Islamisten. Für Ebert fahren bzw. gehen Al Qaida, IS und Boko Haram sprichwörtlich „über Leichen".

Arbeitsaufträge	1. Ordnet euch einer Gruppe eurer Wahl zu und recherchiert im Netz aktuelle Entwicklungen bezüglich Al Qaida, IS und Boko Haram. 2. Diskutiert, welche der drei Terrororganisationen derzeit – warum – die größte Bedrohung darstellt. 3. Sammelt zunächst in Gruppenarbeit Vorschläge, wie die Weltgemeinschaft gegen die Islamisten vorgehen könnte. Legt anschließend eure eigene Position hierzu in einem Aufsatz von mindestens einer Seite dar.

Über Leichen

Nik Ebert, Über Leichen
(Rheinische Post, 16. Januar 2015)

Schlagworte

Terrororganisationen, Islam, Fundamentalismus, Islamismus, Al Qaida, IS, Boko Haram, Syrien, Irak, Afghanistan, Nigeria, Mali, Kriegsverbrechen, Menschenrechtsverletzungen, Intoleranz, Religion, Minderheiten, Christen, Schiiten, Sunniten

16. Haushaltsdefizite, Staatsverschuldung, Inflation – War der Euro von Anfang an zum Scheitern verurteilt?

Schwierigkeitsgrad: 3

Beschreibung

Im Zentrum der Karikatur befindet sich ein Steg, über den sich zahlreiche schwer bepackte Männer auf ein kleines Ruderboot mit der Aufschrift „Euro – Währungsunion" zu bewegen. Der Mann ganz links, der eine große, mit „Schulden" beschriftete Kiste trägt, ist gerade im Begriff, in das Boot einzusteigen. Die ihm folgenden Männer tragen ebenfalls Kisten und Koffer bzw. einen Sack, die mit den Begriffen „Inflation", „Haushaltsdefizit" und „Schulden" näher gekennzeichnet sind.

Deutung

Der Zeichner Gerhard Mester warnte mit dieser Karikatur, die im Zuge der Einführung einer gemeinsamen europäischen Währung Ende der 1990er Jahre entstanden sein muss, hellsichtig vor den möglichen Gefahren einer solchen Währung. Die übergroßen Haushaltsdefizite einiger Länder, die enorme Staatsverschuldung anderer sowie eine bei manchen Euro-Beitrittskandidaten bedenklich hohe Inflation könne das Projekt der Wirtschafts- und Währungsunion (WWU) zum Scheitern (das Boot zum Kentern) bringen. Angesichts der gegenwärtigen Staatsschuldenkrise und der Auseinandersetzungen zwischen den EU-Mitgliedsstaaten darüber, wie auf diese Krise zu reagieren ist, kann Mesters Karikatur heute nur als prophetisch bezeichnet werden.

Ergänzende Materialien

M1 Konvergenzkriterien

Finanzierungssaldo				Schuldenstand				Land/Ländergruppe
2001	2002	2003	2004	2001	2002	2003	2004	
+0,6	+0,1	+0,4	-0,3	108,1	105,8	100,7	97,2	Belgien
-2,8	-3,7	-3,8	-3,9	59,4	60,9	64,2	66,1	Deutschland
+5,2	+4,3	+2,3	+2,0	43,8	42,6	45,6	42,1	Finnland
-1,5	-3,2	-4,1	-3,8	56,5	58,8	63,7	64,8	Frankreich
-3,7	-3,7	-4,6	-5,5	114,7	112,5	109,9	108,0	Griechenland
+0,9	-0,2	+0,1	-0,3	35,9	32,7	32,1	30,2	Irland
-2,6	-2,3	-2,4	-3,1	110,6	107,9	106,2	105,1	Italien
+6,4	+2,8	+0,8	-0,4	5,5	5,7	5,4	5,5	Luxemburg
-0,1	-1,9	-3,2	-3,0	52,9	52,6	54,1	55,9	Niederlande
+0,3	-0,2	-1,1	-1,3	67,1	66,6	65,1	64,6	Österreich
-4,4	-2,7	-2,8	-3,7	55,8	58,4	60,3	62,0	Portugal
-0,4	-0,1	+0,4	+0,1	57,5	54,4	50,7	47,5	Spanien
-1,7	**-2,4**	**-2,7**	**-2,9**	**69,5**	**69,4**	**70,7**	**70,9**	**Euro-Raum**
+2,0	+0,7	+0,3	+1,0	49,2	48,8	45,9	43,3	Dänemark
+2,8	+0,0	+0,3	+0,5	54,4	52,6	52,0	49,4	Schweden
+0,7	-1,7	-3,3	-2,9	38,8	38,3	39,8	40,6	Vereinigtes Königreich
-1,1	**-2,1**	**-2,7**	**-2,8**	**63,3**	**62,7**	**64,3**	**64,4**	**EU-15**
+0,3	+1,4	+3,1	+0,0	4,4	5,3	5,3	4,8	Estland
-2,1	-2,7	-1,5	-2,0	14,9	14,1	14,4	14,5	Lettland
-2,0	-1,5	-1,9	-2,5	22,9	22,4	21,6	22,4	Litauen
-6,4	-5,9	-9,7	-5,0	62,2	62,7	71,1	74,0	Malta
-3,8	-3,6	-3,9	-5,4	36,7	41,1	45,4	46,9	Polen
-6,0	-5,7	-3,7	-3,9	48,7	43,3	42,6	42,6	Slowakei
-2,8	-2,4	-2,0	-2,1	28,1	29,5	29,5	29,2	Slowenien
-5,9	-6,8	-12,6	-5,1	25,3	28,8	37,8	39,6	Tschechische Republik
-4,4	-9,2	-6,2	-5,3	53,5	57,2	59,1	59,0	Ungarn
-2,4	-4,6	-6,4	-5,2	64,3	67,4	70,9	71,9	Zypern
-4,1	**-4,9**	**-5,6**	**-4,8**	**38,5**	**39,4**	**42,1**	**62,5**	**Neue Mitgliedsländer**
-1,2	**-2,3**	**-2,8**	**-2,8**	**62,1**	**61,6**	**63,3**	**45,2**	**Europäische Union (EU-25)**
-0,4	-3,8	-4,6	-4,5	58,5	60,5	62,8	64,1	**USA (zum Vergleich)**

(Quelle: Jahresgutachten 2004/05 des Sachverständigenrates zur Begutachtung der gesamtwirtschaftlichen Entwicklung, S. 71, Wiesbaden 2004)

Arbeitsaufträge

1. Recherchiere, welche Staaten 1999 gegen die Konvergenzkriterien verstoßen haben.
2. Aus politischen Gründen hat die EU 1999 dennoch einer Aufnahme auch der „Defizitsünder" in die WWU zugestimmt. Fasse mithilfe von M1 zusammen, wie sich Gesamtverschuldung, jährliches Haushaltsdefizit und Inflation in den einzelnen Mitgliedsstaaten seitdem verändert haben.
3. Stelle dir vor, Mesters Karikatur wird heute erneut in einer Tageszeitung abgedruckt. Verfasse einen kommentierenden Begleittext.

Gerhard Mester, ohne Titel, o.J.

Schlagworte

Euro, Wirtschafts- und Währungsunion, EU-Verträge, politische Union, europäische Integration, Harmonisierung, nationale Souveränität, Staatenverbund, Wirtschaftskraft, Nordländer, Südländer, Krisenstaaten, Haushaltsdefizite, Staatsverschuldung, Konvergenzkriterien, Neuverschuldung, Stabilität, Inflation

17. Die Diskussion um die EU-Verfassung – Was spricht für eine Vertiefung der Europäischen Integration?

Schwierigkeitsgrad	3
Beschreibung	Die Karikatur zeigt eine Art Schubladenschrank, auf dem sich ein Schild mit der Aufschrift „europäische Geschichte" befindet. Zwölf der insgesamt sechzehn Schubladen weisen die Aufschrift „Krieg" auf, jeweils eine die Aufschrift „EWG", „EG", „EU" bzw. „Verfassung". Diese letzte Schublade unten rechts ist geöffnet, und eine altmodisch gekleidete Frau (in altgriechischer Toga und mit altgriechischer Haartracht), die durch einen Schriftzug als Europa ausgewiesen wird, legt ein dickes Buch hinein (oder nimmt es heraus?). Das Buch trägt die Aufschrift „EU", von zahlreichen Sternen (Symbol der EU) umkränzt. Die Bildunterschrift der Karikatur lautet „Neuestes Kapitel".
Deutung	Für den Zeichner ist die Geschichte Europas vor allem eine Geschichte von Kriegen: Drei Viertel der Schubladen tragen diesen Schriftzug. Diese lange traurige Geschichte endete für Nel erst 1957, als mit den Römischen Verträgen die EWG geschaffen wurde. Die weiteren Schubladen auf der rechten Seite symbolisieren die Vertiefung der Europäischen Integration in den folgenden Jahrzehnten: Gründung der EG 1967 und Gründung der EU 1992. Das vorerst „neueste Kapitel" der Europäischen Integration war zum Zeitpunkt der Zeichnung die Ausarbeitung einer europäischen „Verfassung". Dass diese jedoch 2005 an Referenden in Frankreich und den Niederlanden scheitern würde, konnte Nel zu diesem Zeitpunkt noch nicht ahnen.
Ergänzende Materialien	**M1 Zeitstrahl** Osterweiterung der EU Zweiter Weltkrieg Austritt Großbritanniens aus der EU Deutsch-britische Flottenrivalität Deutsch-französischer Krieg Gründung der EU Hundertjähriger Krieg zwischen England und Frankreich Lissabonner Vertrag Dreißigjähriger Krieg Erster Weltkrieg Gründung der EG Maastrichter Vertrag Napoleonische Kriege Gründung der EGKS Beitritt Großbritanniens zur EG

Arbeitsaufträge	1. Bringe die unsortierten Ereignisse aus dem Zeitstrahl M1 in die richtige Reihenfolge. 2. Interpretiere die Karikatur. 3. Verfasse einen Zeitungsartikel mit der Überschrift „Die Lehren aus der Geschichte – warum wir für den Erhalt der EU kämpfen sollten", in welchem du ausgehend von den gegenwärtigen Herausforderungen und Problemen die Erfolge der europäischen Integration darstellst.

Neuestes Kapitel

Nel, Neuestes Kapitel
(Westdeutsche Allgemeine Zeitung, 21. Juni 2004)

Schlagworte

Europäische Gemeinschaft, Europäische Union, Friedensprojekt, Krieg, Verfassung, Politische Union, Wirtschafts- und Währungsunion, nationale Souveränität, „mehr Europa“, „weniger Europa“, Vertiefung, Vereinigte Staaten von Europa, Nationalismus, Euroskeptizismus, nationaler Egoismus

18. Europäischer Bundesstaat oder Stärkung der Nationalstaaten? Die Diskussion um die Finalität der EU

Schwierigkeitsgrad	3
Beschreibung	Die Zeichnung zeigt einen zweiköpfigen Stier, der sich vor einer Wegkreuzung befindet. Der Stier versucht dabei, gleichzeitig nach links und nach rechts zu rennen. Auf seinem Rücken sitzt eine in eine griechische Toga gehüllte Frau, die sich mit weit aufgerissenen Augen ängstlich an dem Rücken des Tieres festklammert. Ihr Kopf zeigt dabei nach links. Im Bildhintergrund schließlich steht ein Schild, welches die Aufschrift „Europäische Gemeinschaft souveräner Nationalstaaten" trägt. Der Wegweiser ist an seinen Enden geformt wie ein Finger; wobei ein weißer Finger nach links und ein schwarzer Finger nach rechts weist.
Deutung	Die Karikatur ist als Kommentar zur Debatte über die Zukunft der „EG" bzw. EU zu verstehen: Soll die Gemeinschaft bzw. Union auf Vertiefung setzen, auf mehr Supranationalität mit dem Endziel Vereinigte Staaten von Europa? Oder geht die Entwicklung eher in Richtung einer stärkeren Rolle der Nationalstaaten, welche keine weiteren Souveränitätsrechte abtreten wollen und damit die Europäische Integration stoppen bzw. sogar rückgängig machen? Innerhalb dieses Spannungsfeldes befindet sich die EG nach Ansicht des Zeichners – zur damaligen Zeit, vor der Gründung der EU – eher auf der Seite der Befürworter einer Bewahrung der nationalen Souveränität (vgl. die genaue Position des Stiers). Gleichzeitig befürwortet Leger jedoch eine Vertiefung der Integration (vgl. die Blickrichtung Europas).
Ergänzende Materialien	**Quo vadis, Europa?** (siehe unten)

Quo vadis, Europa?

Föderation Politische Union „Vereinigte Staaten von Europa"	Staatenverbund	Staatenbund Konföderation
◄────────	────────	────────►
Souveränitätsverzicht Supranationalität	gemeinsame supranationale Institutionen	Lockere Zusammenarbeit nationale Souveränität
Beispiele: USA; BRD		Deutscher Bund; Konföderierte Staaten von Amerika

Arbeitsaufträge	1. Lege eine Tabelle an und liste auf, was für und was gegen eine Vertiefung der Europäischen Integration spricht. 2. Recherchiere die Beweggründe und Argumente der Gegner der (letztendlich gescheiterten) EU-Verfassung (in Deutschland, Frankreich, den Niederlanden und/oder Großbritannien). 3. Verfasse eine (kurze) Rede, in der du leidenschaftlich und unter Rückgriff auf wichtige Argumente (vgl. Aufgabe 1) für bzw. gegen die Schaffung der „Vereinigten Staaten von Europa" plädierst.

Peter Leger (Künstler), Haus der Geschichte, Bonn,
Die Entführung der „Europa“ durch den Stier, 22. Juni 1988

Schlagworte

EG, EU, Vereinigte Staaten von Europa, Staatenbund, Föderation, Staatenverbund, nationale Souveränität, Souveränität(sverlust), Nationalstaaten, Effizienz, Europa und der Stier, Finalität, Erweiterung, Vertiefung, Europäische Integration, supranational

19. „Weniger Europa“ als Ausweg aus der Krise der EU?

Schwierigkeitsgrad	3
Beschreibung	Im Mittelpunkt der Karikatur steht eine große, breite Straße, auf welcher sich ein kleiner, blauer Sportwagen festgefahren hat bzw. droht, sich festzufahren. Gesteuert wird das Cabrio von einer Frau, welche an die griechische Antike erinnert. Die Frau spricht die Worte „Ohje, der Asphalt schmilzt ... Was machen wir, abbiegen?“; neben ihr sitzt mit verschränkten Armen ein Stier auf dem Beifahrersitz. Weitere Details: Die große, breite Straße führt laut Verkehrsschild zur „Politischen Integration“, während rechts ein kleinerer, nicht asphaltierter Schotterweg in Richtung „weniger Europa“ weist.
Deutung	Zunehmender Nationalismus, das Anwachsen europakritischer Parteien und Bewegungen am linken und rechten Rand des Parteienspektrums, der Streit um den Umgang mit Griechenland und anderen kriselnden Eurostaaten sowie das Anti-EU-Referendum in Großbritannien, das mittelfristig zu einem Austritt des Vereinigten Königreiches aus der EU führen wird, haben zu einer „festgefahrenen Situation“ geführt. In Polen und Ungarn, aber auch in Frankreich, Spanien und den Niederlanden macht sich zunehmend eine europakritische Stimmung breit, welche, anstatt die Gemeinschaft durch Harmonisierung und Vertiefung weiter auszubauen, Kompetenzen an die Nationalstaaten zurückverlagern will. Tendenz: Auch wenn der Karikaturist Heiko Sakurai die gegenwärtige Krise des europäischen Projekts keineswegs leugnet – „weniger Europa“ scheint für ihn keine Lösung, sondern vielmehr ein „wenig attraktiver Weg“ zu sein.
Ergänzende Materialien	M 1

Der Aufstieg der AfD

Alternative für Deutschland

Wahlergebnisse der Partei Alternative für Deutschland seit ihrer Gründung
Anteile an den Zweit- bzw. Landesstimmen in Prozent

Jahr	Wahl	%
2013	Bundestag	4,7
2013	Hessen	4,1
2014	Europaparlament	7,1
2014	Sachsen	9,7
2014	Brandenburg	12,2
2014	Thüringen	10,6
2015	Hamburg	6,1
2015	Bremen	5,5
2016	Baden-Württemberg	15,1
2016	Rheinland-Pfalz	12,6
2016	Sachsen-Anhalt	24,3
2016	Mecklenburg-Vorp.	20,8
2016	Berlin	14,2

Quelle: Landes-, Bundeswahlleiter

© Globus 11506

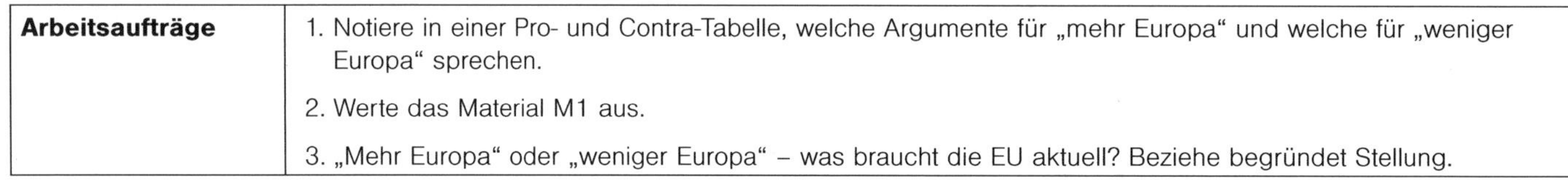

Arbeitsaufträge	1. Notiere in einer Pro- und Contra-Tabelle, welche Argumente für „mehr Europa“ und welche für „weniger Europa“ sprechen. 2. Werte das Material M1 aus. 3. „Mehr Europa“ oder „weniger Europa“ – was braucht die EU aktuell? Beziehe begründet Stellung.

Heiko Sakurai, ohne Titel, 2015
(Heiko Sakurai: Cartoons des Jahres 2015, Berlin, S. 123)

Schlagworte

Europäische Union, Politische Union, Wirtschafts- und Währungsunion, nationale Souveränität, „mehr Europa“, „weniger Europa“, Vertiefung, Vereinigte Staaten von Europa, Nationalismus, Euroskeptizismus, EU-kritische Parteien, Rechtspopulismus, BREXIT

20. Anfang vom Ende der Europäischen Integration? Die Osterweiterung der Europäischen Union

Schwierigkeitsgrad	2
Beschreibung	Die Karikatur zeigt eine große Anzahl Männer, die auf einem völlig überladenen Ochsenkarren mit EU-Symbolik stehen und dem Betrachter fröhlich zuwinken. Der Karren sollte offensichtlich von dem Stier rechts gezogen werden, ist aber viel zu schwer für diesen. Durch das Übergewicht der Männer hinten auf dem Wagen hängt das Zugtier – ebenso wie die auf ihm sitzende, nackte Europa – in der Luft. Weitere Details: Der Ochse wirkt belämmert, während Europa eher fragend auf die fröhlichen, teils jubelnden Männer im Karren blickt. Einer der Männer macht das Victory-Zeichen.
Deutung	Haitzingers Zeichnung bezieht sich auf die Osterweiterung der EU im Jahr 2004, welche die Europäische Union auf 25 Staaten anwachsen ließ. Während viele Politiker den Beitritt der osteuropäischen Staaten begrüßten („Hurra, wir sind 25 Mann stark!"), befürchtet der Zeichner, dass die Erweiterung zu Lasten der Handlungsfähigkeit der EU gehen wird. Für ihn hängt die Europäische Union „in der Luft". An eine weitere Vertiefung der Integration sei angesichts von 25 Staaten und der in wichtigen Fragen immer noch geltenden Einstimmigkeitsklausel nicht mehr zu denken. Aus heutiger Sicht zurückblickend könnte man die Karikatur auch so interpretieren, dass Haitzinger in der Osterweiterung den Anfang vom Ende der EU sieht. Schaut man etwa auf den Widerstand osteuropäischer Staaten (vor allem Polen) gegen die ursprünglich geplante EU-Verfassung, so sprechen einige Argumente für die These von der zunehmenden Handlungsunfähigkeit der Union. Auch die gegenwärtige Auseinandersetzung um die richtige Flüchtlingspolitik verläuft vor allem entlang der Fronten Ost- versus Westeuropa.
Ergänzende Materialien	Osterweiterung der EU (siehe unten)

Osterweiterung der EU

Chancen	**Probleme**
– Ausdehnung des europäischen Raumes der Freiheit und des Rechts – Ankurbelung der Wirtschaft, z. B. Exportchancen – Engere politische Zusammenarbeit mit wichtigen benachbarten Staaten – Effektivere Bekämpfung transnationaler Probleme: Organisierte Kriminalität, Migration, Umweltverschmutzung – Stärkung der EU: Mehr Bevölkerung, größeres BIP, mehr politische Macht	– hohe Einkommensunterschiede zwischen alten und neuen Mitgliedern: finanzielle Transfers – Lohnkonkurrenz, Unternehmensverlagerungen – Mehrheitsfindungen und gemeinsame Entscheidungen werden schwieriger – Heterogene Interessen der (Neu-)Mitglieder: Vernachlässigung der Vertiefung; eventuell sogar Rückbau föderaler Elemente

Arbeitsaufträge	1. Recherchiere den Mythos von der Entführung Europas durch Zeus. 2. Analysiere die Karikatur. 3. Fasse die Aussage der Karikatur in einem Satz zusammen. 4. Bewerte die Aussage der Karikatur aus heutiger Sicht.

Horst Haitzinger, „Hurra, wir sind 25 Mann stark!“, 30. April 2004
(Horst Haitzinger: Politische Karikaturen (2004), München 2004, S. 28)

Schlagworte

Europäische Union, Osterweiterung, Vertiefung, Erweiterung, Europäische Integration, Osteuropa, Polen, nationale Interessen, Egoismus, Souveränität, Vergemeinschaftung, Harmonisierung, Mehrheitsbeschlüsse

21. Die EU in der Krise – Ist Austreten eine Option?

Schwierigkeitsgrad	2
Beschreibung	Klaus Stuttmanns Karikatur trägt den Titel „Brexit“ und ist am 23. Juni 2016, dem Tag des Referendums über einen Austritt des Vereinigten Königreiches aus der EU erschienen. Sie ist in bedrohlich dunklen Farben gehalten. Im Mittelpunkt der Zeichnung steht dabei ein Doppeldeckerbus, der mit den Buchstaben „EU“ beschriftet ist. Der große Bus fährt auf einer steinigen und gefährlichen, weil äußerst engen Küstenstraße. Während er links schon fast an der Felswand entlangzuschrammen scheint, schweben die beiden rechten Reifen offenbar (fast) über dem Abgrund zum Meer hin. In dieser heiklen Situation ruft ein Insasse des Reisebusses: „Stop! Ich will aussteigen!!“ Weitere Details: Die Küstenstraße fällt zum Meer hin steil ab und die dunklen Felsen verstärken das Gefühl der Bedrohung und Beklemmung.
Deutung	Als Klaus Stuttmann seine Karikatur zeichnete, wusste er noch nicht, wie das Referendum im Vereinigten Königreich ausgehen würde. Dass am 23. Juni 2016 tatsächliche eine (knappe) Mehrheit der Briten für einen Austritt aus der EU stimmen würde, hatte kaum ein politischer Beobachter erwartet. Zu offensichtlich schienen die Nachteile, die ein Verlassen der Union zur Folge haben würde: Abzug von Investitionen und damit Abbau von Arbeitsplätzen; wirtschaftliche Unsicherheit, Bedeutungsverlust des Finanzplatzes London; Verlust an politischem Einfluss etc. Stuttmann hält – wie die Mehrzahl der Experten – einen Austritt aus der EU daher für gefährlich, ja für geradezu lebensgefährlich (vgl. den Abgrund). Noch dazu in einem Moment, wo der Kontinent ohnehin schon mit zahlreichen Krisen zu kämpfen hat (vgl. den Streit um die Bewältigung der Schuldenkrise, den Ukraine-Konflikt, die Auseinandersetzung um den Umgang mit der Flüchtlingskrise etc). Bewertung: Die Briten gefährden mit ihrer Entscheidung nicht nur ihre eigene (wirtschaftliche und soziale) Zukunft, sondern bringen zugleich das Friedensprojekt Europäische Union in Gefahr, das durch den Austritt eines wichtigen Pfeilers der Gemeinschaft noch weiter unter Druck gerät.
Ergänzende Materialien	siehe unten

Britische Ängste vor einem föderalen Europa

Britisches Nationalbewusstsein	Beitrittsgeschichte
British Empire, Weltmacht	1957 nicht dabei
Zwei gewonnene Weltkriege gegen Deutschland	Beitritt erst 1973
Insellage	Kurz darauf: Referendum über einen möglichen Austritt
Pfund	1980: „Britenrabatt“
Commonwealth	Nichtteilnahme an Schengen
Wachsende Kritik an „Brüssel“	Nichtteilnahme am Euro
Wachsende Fremdenfeindlichkeit	Nach 2004: Öffnung des Arbeitsmarktes für Osteuropäer
Motto der „Leave-Campaign“: „Take back control!“	

FOLGEN

Animositäten gegenüber Europa, „Brüssel“ und Ausländern

Dämon „europäischer Superstaat“

Große Zahl von „Euroskeptikern“ (auch innerhalb der führenden Parteien)

Kritische Haltung gegenüber einer Vertiefung der Integration

Arbeitsaufträge	1. Partner A: Recherchiere die Argumente der Austritts-Befürworter. Partner B: Recherchiere die Argumente der Austritts-Gegner. 2. Stellt euch gegenseitig die zentralen Argumente der Austritts-Befürworter bzw. Austritts-Gegner vor. 3. War die Entscheidung auszutreten richtig? Beurteilt, wie sich die damaligen Argumente heute darstellen.

Klaus Stuttmann, Brexit
(Weser Kurier, 23. Juni 2016)

Schlagworte

Brexit, Referendum, EG, EU, Friedensprojekt, nationale Souveränität, Superstaat, deutsche Dominanz, Euroskeptizismus, antieuropäisch, europhil, Föderation, Schengen, Osterweiterung, Arbeitnehmerfreizügigkeit, Wirtschafts- und Währungsunion, Populismus, Fremdenfeindlichkeit, gemeinsamer Markt

22. Ein Kandidat mit Sprengkraft? Die Diskussion um einen möglichen EU-Beitritt der Türkei

Schwierigkeitsgrad	2
Beschreibung	Vor einem „EU“-beschrifteten Flugzeug heißt der „Flugkapitän“ Joschka Fischer (deutscher Außenminister 1998-2005) einen deutlich größeren Mann willkommen. Der Fluggast trägt neben einer Schirmmütze und einer Jacke mit Türkei-Flagge drei riesige, überdimensionale Koffer bei sich, die mit „Kurden“, „Menschenrechte“ und „Zypern“ beschriftet sind. Aus allen drei Koffern ist ein lautes Ticken zu vernehmen, weshalb der Kapitän den Passagier vor dem Einsteigen zur Gepäckkontrolle bittet.
Deutung	Die Türkei erhoffte sich bereits seit Jahrzehnten einen Beitritt zur EU. Nach dem frühen Assoziierungsabkommen 1963 entschloss sich die EU 1999, nun Beitrittsverhandlungen mit Ankara aufzunehmen. Haitzinger sieht einem möglichen Beitritt der Türkei kritisch entgegen. So deutet das Ticken der Koffer an, dass die EU mit einer Aufnahme des „Fluggastes“ Türkei zahlreiche hochbrisante, „explosive“ Konflikte importieren würde. Damals dachte man in diesem Zusammenhang vor allem an den jahrzehntelangen Streit zwischen der türkischen Regierung und der kurdischen Minderheit und den Konflikt um die Insel Zypern: Die Türkei besetzte 1974 den Nordteil Zyperns, der völkerrechtlich nicht als Staat anerkannt ist. Nord und Süd stehen sich seitdem unversöhnlich gegenüber. Die Frage einer Wiedervereinigung ist bis heute offen. Zugleich werden aus der Türkei immer wieder schwere Verstöße gegen die Menschenrechte (Behandlung von Häftlingen) berichtet. Seit dem gescheiterten Putsch gegen die Regierung Erdogan im Juli 2016 verschärften sich angesichts von Massenverhaftungen und Unterdrückung von Meinungs- und Pressefreiheit die Sorgen vor einem Abrutschen der Türkei in die Diktatur. Ein weiteres mögliches Argument: Käme es zu einem Beitritt, wäre die Türkei aufgrund ihres starken Bevölkerungswachstums in wenigen Jahren der bevölkerungsreichste – und damit der politisch mächtigste – Mitgliedsstaat der EU (vgl. die Größe des Passagiers).
Ergänzende Materialien	(siehe Tabelle unten)

Pro Türkei-Beitritt	**Contra Türkei-Beitritt**
– die pro-europäischen Türken verdienen alle Unterstützung – Signalwirkung für die islamische Welt, würde Spannungen zwischen Orient und Okzident abbauen – Hinwendung der Türkei zum Fundamentalismus muss vermieden werden – die Türkei weist ein starkes Wirtschaftswachstum auf – die Türkei weist eine geostrategisch wichtige Lage auf – die Türkei ist seit Jahrzehnten verlässlicher NATO-Partner – der Türkei wurde die Aufnahme in die EU versprochen	– die Menschenrechtslage in der Türkei hat sich nur geringfügig gebessert – die Türkei ist nach Deutschland das bevölkerungsreichste Land Europas und immer noch ein sehr armes Land – ein Beitritt würde enorme Transfers implizieren und die EU finanziell stark belasten – die Zypern-Frage bleibt ungeklärt – unterschiedliche Interessen z. B. hinsichtlich der Israel- oder Kurdenpolitik könnten die EU bei einer Aufnahme der Türkei spalten – „die Türkei gehört kulturell/geografisch/historisch nicht zu Europa“ – durch die geografische Lage der Türkei könnte die EU leicht in außenpolitische Konflikte in der Krisenregion Naher Osten hineingezogen werden – die Aufnahme weiterer Staaten ist generell abzulehnen: wichtiger ist eine Vertiefung der EU

Arbeitsaufträge	1. Deute die Bedeutung der tickenden Koffer. 2. Interpretiere die Bedeutung der vom Zeichner verwendeten unterschiedlichen Proportionen. 3. Beurteile die Sichtweise des Karikaturisten auf einen möglichen EU-Beitritt der Türkei. 4. Bewerte die Aussage der Karikatur aus heutiger Sicht.

Horst Haitzinger, „... aber bitte erst noch durch die Gepäckkontrolle!“, 23. Juli 1999
(Horst Haitzinger: Politische Karikaturen (1993/94), München 1999, S. 69)

Schlagworte

Türkei-Beitritt, EU, Kopenhagener Kriterien, EU-Erweiterung, Kurden, Menschenrechte, Zypern, Islam, Demokratie, Bürgerrechte, Pressezensur, Meinungsfreiheit

23. Die Konjunktur in der Talsohle – Was kann die Politik machen?

Schwierigkeitsgrad	3
Beschreibung	Dargestellt ist eine Lokomotive, die von den Lokomotivführern Strauß (Finanzminister der Regierung Kiesinger, 1966-69) und Schiller (damals Wirtschaftsminister) bedient wird. Der Zug, der die Aufschrift „Wirtschaft" trägt und einen Bundesadler aufweist, ist im Begriff, einen Berg hochzufahren (vgl. auch das Schild „Talsohle"). Die beiden Lokomotivführer drehen sich zum Betrachter um, während sie mit den Händen einige der zahlreichen Rädchen und Stellschrauben vor ihnen bedienen (bzw. im Begriff sind, dies zu tun). Die Rädchen sind mit den Begriffen „Steuersenkungen", „Kreditaufnahme", „Steuererhöhungen" und „Investitionen" beschriftet. Im angehängten Kohlewagen erkennt man vier Männer (eine Hand ganz links deutet auf einen weiteren Mann hin), die sich sehr ähneln, alle tragen einen hellen Anzug, Brille und die Haare zurückgekämmt. Die Vier wirken sehr erregt, gestikulieren wild, scheinen etwas zu rufen. Einer von ihnen hält ein Büchlein mit dem Titel „Gutachten der 5 Weisen" in die Luft.
Deutung	Der Zug, der durch die Kombination von Adler und der Aufschrift „Wirtschaft" symbolisch für die deutsche Wirtschaft steht, befindet sich in einer „Talsohle" vor einem steilen Anstieg: Deutschland befand sich zum Zeitpunkt der Veröffentlichung der Karikatur in einer Rezession. Die Maschine steht zwar nicht völlig still, aber besonders viel Rauch steigt nicht auf, weshalb die vier bzw. fünf Männer im Kohlewagen, welche die fünf „Wirtschaftsweisen" repräsentieren, durch Handbewegungen und Zurufe („Na los doch! Habt Mumm – gebt mehr Zunder!") zu schnellerer Fahrt auffordern. Einer von ihnen hält das jüngst erstellte Gutachten des „Sachverständigenrats zur Begutachtung der gesamtwirtschaftlichen Entwicklung" in die Höhe, das Empfehlungen der Wirtschaftsprofessoren an die Politik enthält. Gefordert sind ihrer Ansicht nach vor allem Finanzminister Strauß (CSU) und Wirtschaftsminister Schiller (SPD). Diese sollen nach Ansicht der Wirtschaftsweisen an den richtigen „Stellschrauben drehen", damit die Konjunktur „wieder Fahrt aufnimmt". U.a. scheinen sie zu erwarten, dass Karl Schiller den Hebel „Investitionen" von links nach rechts umlegt.
Ergänzende Materialien	**Wirtschaftlicher Aufschwung durch deficit spendig** Politik → Steuersenkungen Kreditaufnahme (öffentliche) Investitionen der Unternehmen staatliche Investitionen in die Infrastruktur Wirtschaftsminister (Schiller) Jahresgutachten Finanzminister (Strauß) *Situation:* **Deutsche Wirtschaft in der „Talsohle"** *Ziel:* **„Aufschwung", Wirtschaftswachstum** **Sachverständigenrat (=die fünf „Wirtschaftsweisen")** → These: **Die Politik soll durch „deficit spending" (Kreditfinanzierte Ausgaben) die deutsche Wirtschaft ankurbeln. [Keynesianismus]**

Arbeitsaufträge	1. Erläutere, inwiefern die Bundesregierung die Wirtschaft ankurbeln kann, indem sie „mehr Zunder" gibt. Fertige hierzu ein einfaches Schaubild an. 2. Recherchiere unter http://www.sachverstaendigenrat-wirtschaft.de/ Zusammensetzung, Aufgaben und Funktion der „Wirtschaftsweisen". 3. Erörtere die Chancen und Risiken keynesianisch inspirierter staatlicher Konjunkturpolitik.

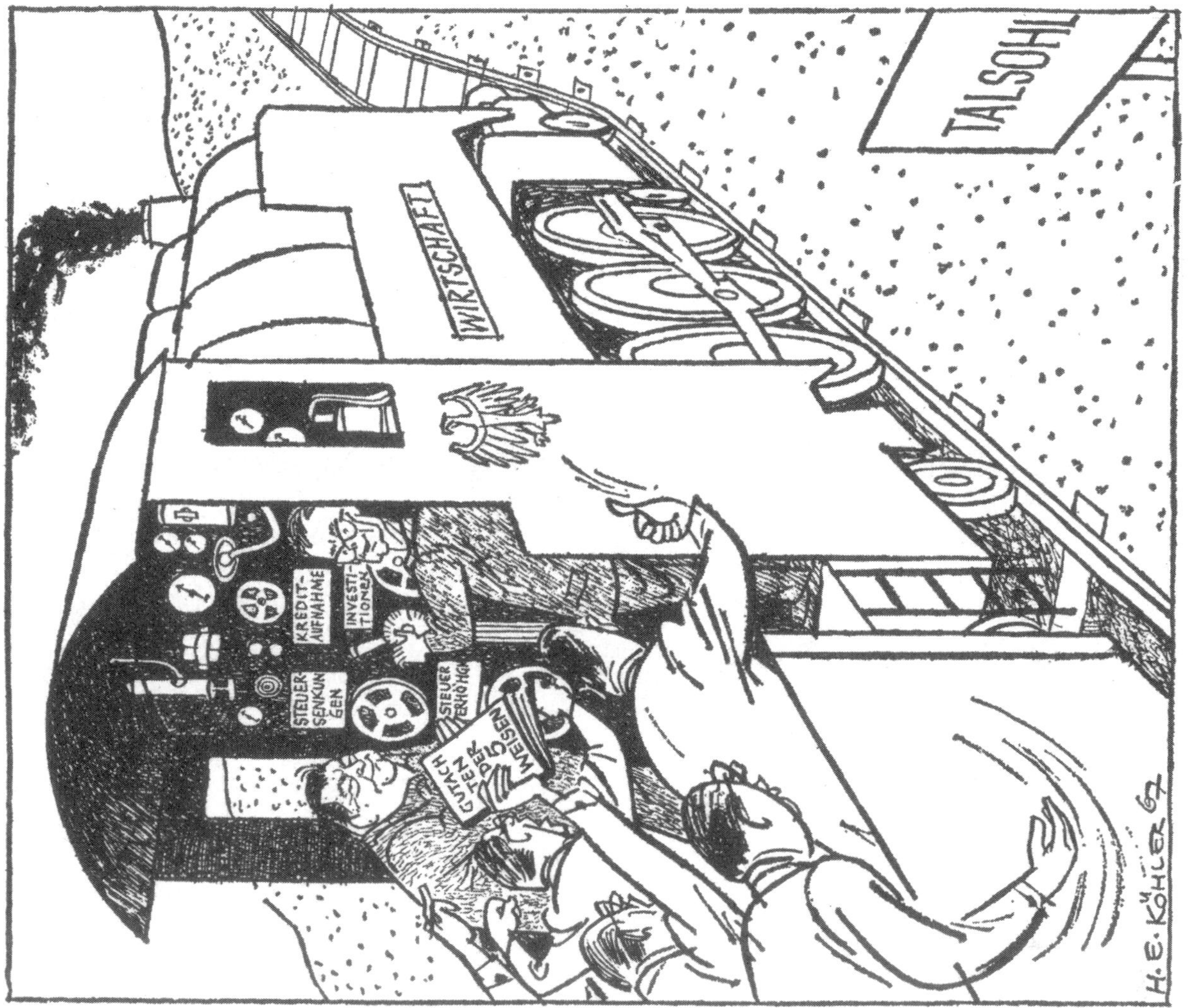

H. E. Köhler, Die fünf Weisen und die Bergfahrt. „Na los doch! Habt Mumm – gebt mehr Zunder!“
(Frankfurter Allgemeine Zeitung, 1967; Theo Hector (Hrsg.): Magere Jahre, fette Jahre.
Die Geschichte unserer Wirtschaft seit 1948 gesehen von sechsundsechzig Karikaturisten,
(Wirtschaftskarikaturen, Bd. 2), Königstein 1983, S. 133)

Schlagworte

Wirtschaftsweise, Sachverständigenrat, Wirtschaftswachstum, Konjunktur(zyklus), Arbeitslosigkeit, Steuersenkungen, Kreditaufnahme, Steuererhöhungen, Investitionen, Zentralbank, Leitzins, Keynesianismus, Große Koalition, Konjunkturpolitik, „Konjunkturspritze“, Rezession, Boom, Aufschwung, Abschwung, Hochkonjunktur

24. Was schafft Wachstum? Löhne erhöhen oder Arbeitskosten senken?

Schwierigkeitsgrad	3
Beschreibung	Im Zentrum der Zeichnung steht ein (liegen gebliebener?) Kleinlaster, welcher mit dem Schriftzug „Konjunktur 78" versehen ist. Vorne links im Bild ist der deutsche Michel (vgl. die Zipfelmütze) zu erkennen, welcher soeben die riesige Motorhaube des Fahrzeugs geöffnet hat. Der Mann mit der Zipfelmütze blickt verblüfft in einen fast leeren Motorraum, in dessen Mitte sich eine vergleichsweise winzige Maschine mit der Aufschrift „Löhne" bzw. „private Nachfrage" befindet. Der Titel der Karikatur lautet „Antrieb unzureichend".
Deutung	Die Aussage der Karikatur ist eindeutig: Nach Legers Ansicht kommt die deutsche Wirtschaft (im Jahre 1978) deshalb nicht „in Fahrt", weil der Konsum nicht „anspringt". Legers Meinung nach liegt dies daran, dass die Löhne zu niedrig sind: Die Menschen haben zu wenig Geld für die Anschaffung von Konsumgütern übrig und die Unternehmen bleiben daher auf ihren Waren sitzen. Dies wiederum habe negative Folgen für Beschäftigung und Wirtschaftswachstum.
Ergänzende Materialien	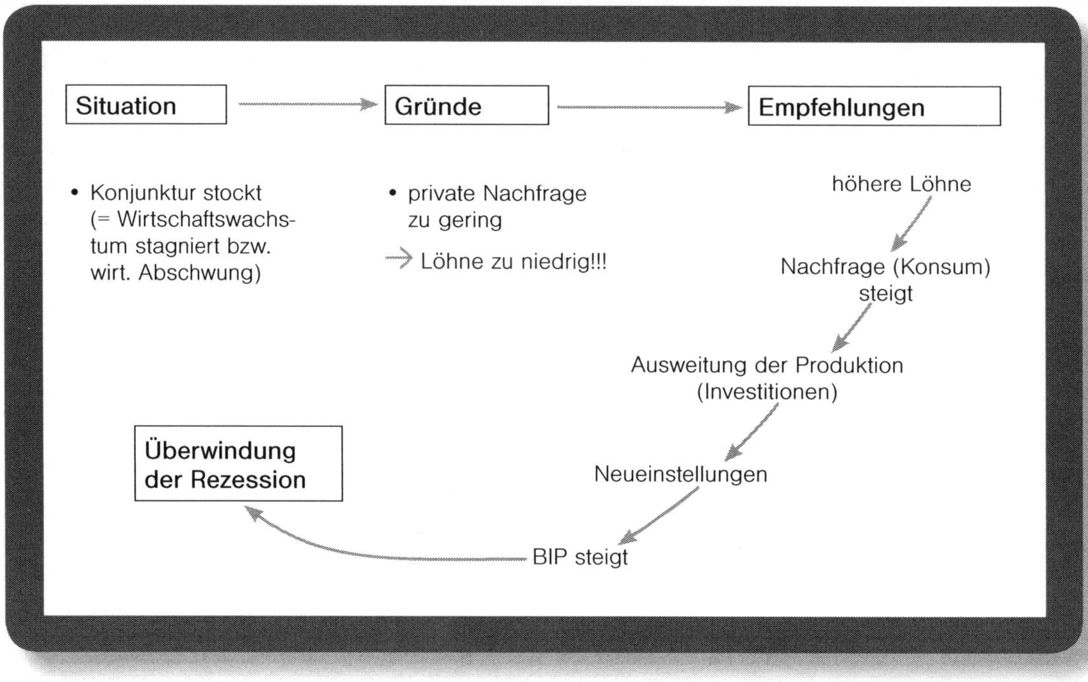 Situation → Gründe → Empfehlungen **Situation:** • Konjunktur stockt (= Wirtschaftswachstum stagniert bzw. wirt. Abschwung) **Gründe:** • private Nachfrage zu gering → Löhne zu niedrig!!! **Empfehlungen:** höhere Löhne ↓ Nachfrage (Konsum) steigt ↓ Ausweitung der Produktion (Investitionen) ↓ Neueinstellungen ↓ BIP steigt ↓ Überwindung der Rezession

Arbeitsaufträge	1. Stelle die Folgen einer schwachen bzw. einer starken Binnenkonjunktur in je einem einfachen Schaubild dar. 2. Stellt euch vor, die IG Metall hat sich vor den anstehenden Tarifverhandlungen von Legers Karikatur inspirieren lassen und fordert eine Lohnerhöhung von 10 %. Partner A: Rechtfertige die Tarifforderung in einem Positionspapier aus Gewerkschaftssicht. Partner B: Verfasse die Stellungnahme des Arbeitgeberverbandes BDI, der vor den Folgen eines solchen Tarifergebnisses warnt. 3. Diskutiert mit Blick auf die aktuelle Wirtschaftslage die Vor- und Nachteile substantieller Lohnerhöhungen.

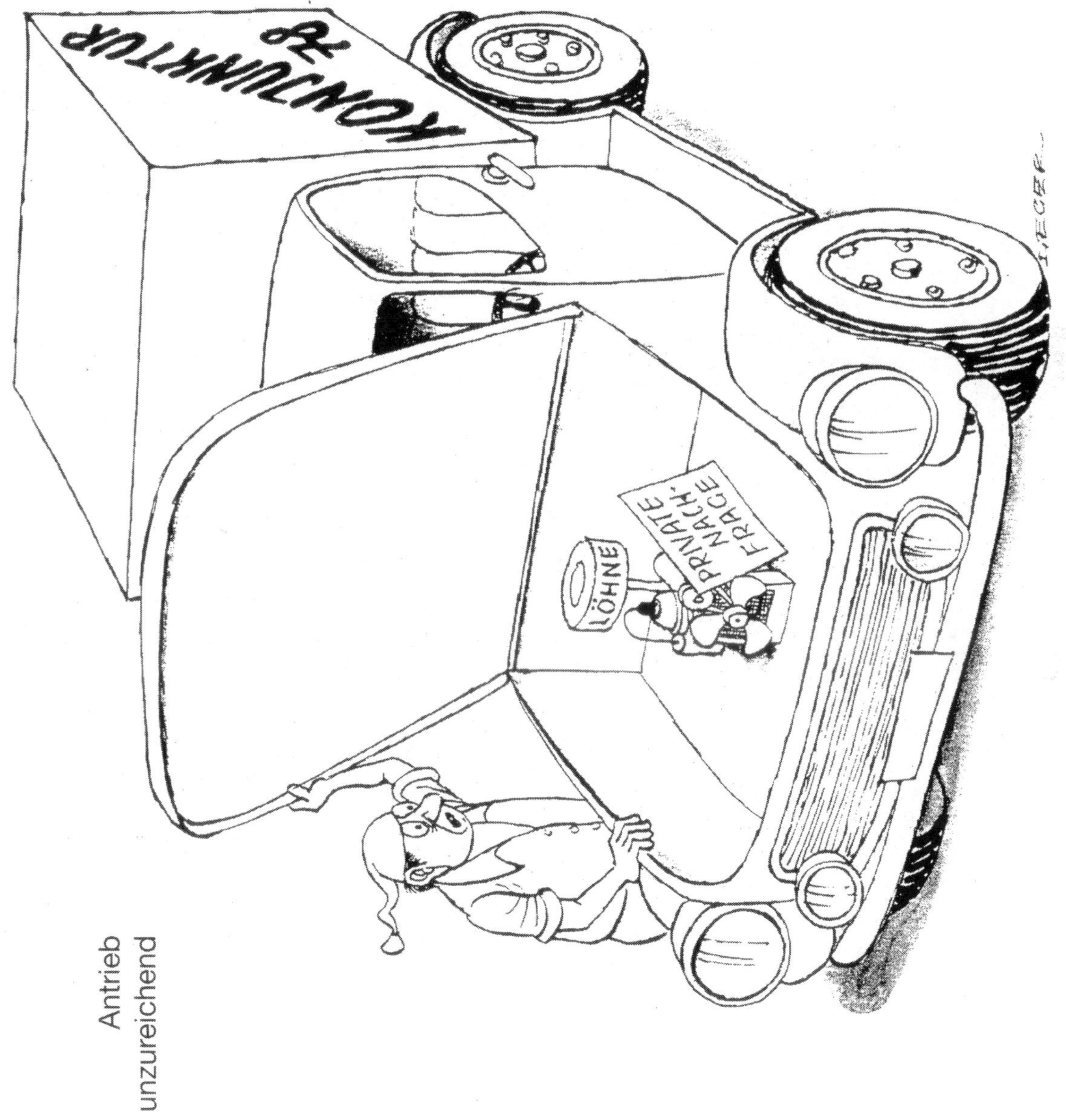

Peter Leger (Künstler), Haus der Geschichte, Bonn, Antrieb unzureichend, 1978

Schlagworte

Konjunktur, Konjunkturpolitik, Keynes, angebotsorientierte Politik, nachfrageorientierte Politik, Binnennachfrage, Ankurbelung, Lohnerhöhungen, Steuersenkungen, Geldpolitik, Konsum, Investitionen, Stimulus, deutscher Michel

25. Leitzinssenkungen – ein probates Mittel gegen wirtschaftliche Stagnation?

Schwierigkeitsgrad	3
Beschreibung	Im Zentrum der Karikatur steht eine mit Kohle angetriebene Dampflokomotive. Auf dem Kohlewagen links (versehen mit dem Schriftzug „lower interest rates") steht verdeckt ein Heizer, der mit der Schaufel Brennstoff in den Ofen der Lokomotive „Wirtschaft" befördert. Während die Lokomotive offensichtlich recht zügig fährt (vgl. den Fahrtwind), fragt sich der Heizer: „Aber was passiert, wenn die Kohle alle ist?" Daraufhin antwortet der Lokführer: „Ich denke, dann müssen wir im Leerlauf fahren ..." (to coast: (bergab)rollen; im Leerlauf fahren).
Deutung	Die Karikatur spielt auf den Zusammenhang zwischen der Geldpolitik der Zentralbank und der konjunkturellen Entwicklung an. Niedrige Leitzinsen der Zentralbank führen, vermittelt durch die Geschäftsbanken, in aller Regel zu Wirtschaftswachstum, da Unternehmen in Zeiten billigen Geldes eher Investitionen tätigen als in Zeiten von Hochzinspolitik. Nachdem die FED und die EZB (ebenso wie die Bank of Japan) den Leitzins nach der Finanz- und Wirtschaftskrise 2008ff jedoch immer weiter gesenkt haben (und dies weitgehend ohne dass es zu den erhofften Effekten eines starken und nachhaltigen Wirtschaftswachstums kam), ist dieses Mittel der Stimulierung mittlerweile aufgebraucht: Denn tiefer als 0 % kann der Leitzins nicht gesenkt werden. Vor allem das japanische Beispiel zeigt, dass auch ein nominaler Leitzins von nahe 0 % bzw. sogar ein real (bezieht man die Inflation mit ein) negativer Leitzins nicht zwingend aus der wirtschaftlichen Stagnation herausführt. Der Heizer in der Karikatur stellt daher eine durchaus berechtigte Frage.
Ergänzende Materialien	M1 Geldpolitik der EZB

M1 Geldpolitik der EZB

Weder Geldpolitik noch Fiskalpolitik setzen Impulse

Die Inflationsrate liegt seit langem unter dem erklärten Ziel ...

3,5 %
3,0 %
2,5 %
2,0 %
1,5 %
1,0 %
0,5 %
Verbraucherpreise
Inflationsziel der EZB
0,2 %
2008 2009 2010 2011 2012 2013 2014 2. Quartal 2015

... und die Investitionen in der Eurozone stagnieren.

500
450
400
350
300
250
200
Bruttoanlageinvestitionen
414 Milliarden Euro

Investititionen sind preis-, saison- und kalenderbereinigt Quelle: NiGEM, September 2015
Grafik zum Download: bit.do/impuls0054 Daten: bit.do/impuls0055
Hans Böckler Stiftung

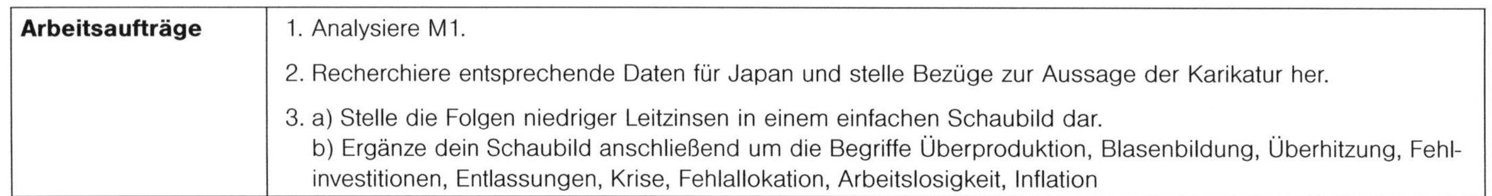

Arbeitsaufträge	1. Analysiere M1. 2. Recherchiere entsprechende Daten für Japan und stelle Bezüge zur Aussage der Karikatur her. 3. a) Stelle die Folgen niedriger Leitzinsen in einem einfachen Schaubild dar. b) Ergänze dein Schaubild anschließend um die Begriffe Überproduktion, Blasenbildung, Überhitzung, Fehlinvestitionen, Entlassungen, Krise, Fehlallokation, Arbeitslosigkeit, Inflation

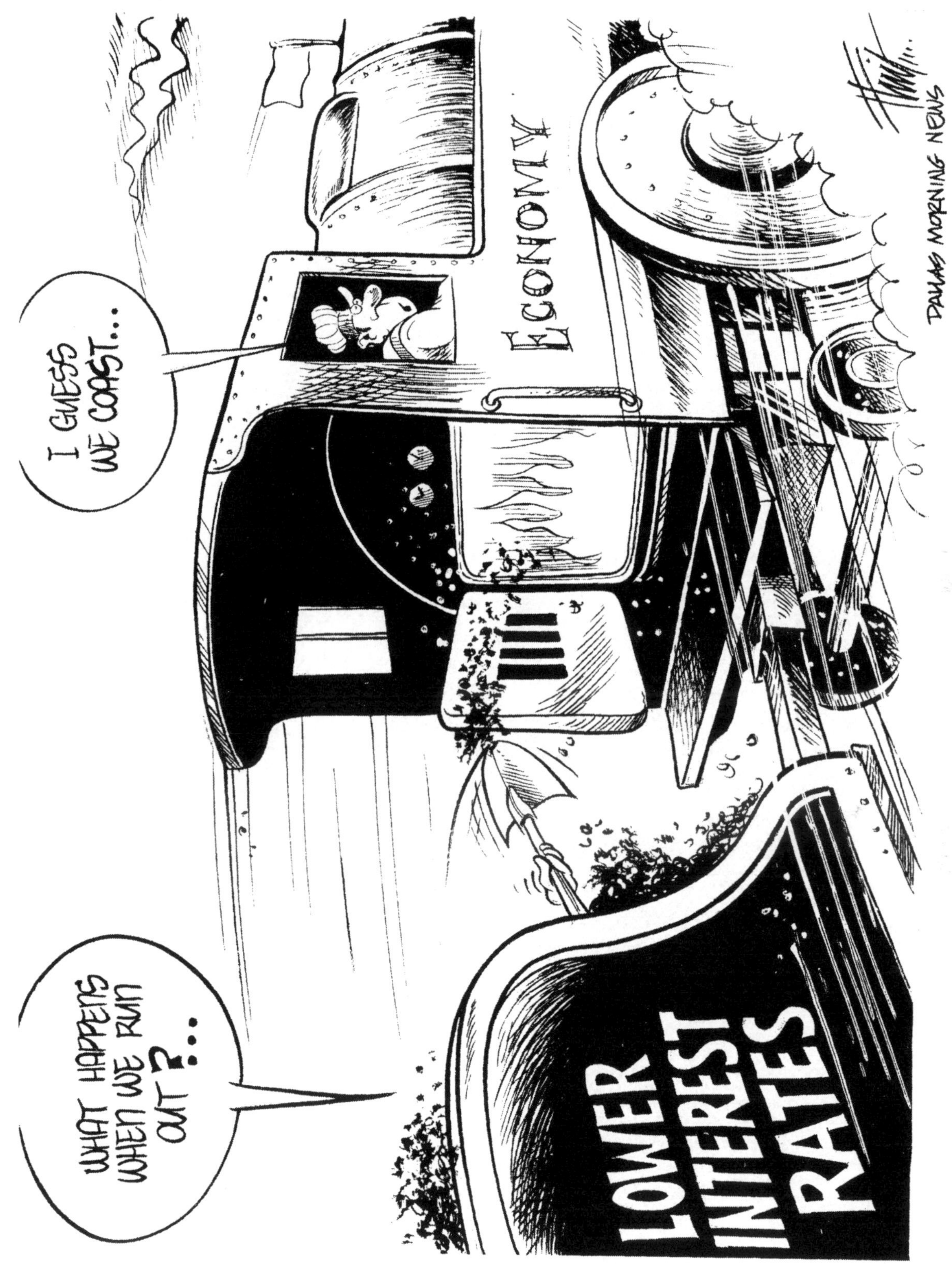

William Flint, ohne Titel, Dallas Morning News, 2006
(Charles Brooks (Hrsg.): Best Editorial Cartoons of the Year. 2006 edition, Gretna, LA. 2006, S. 98)

Schlagworte

Leitzins, Leitzinssenkung, Nullzinspolitik, Kreditvergabe, Investitionen, Zentralbank, Banken, Konjunktur, Wirtschaftswachstum, Ankurbelung, Konjunkturpolitik, Keynes, Stimulus

26. Nichts zu sehen vom Aufschwung Ost? Die Spaltung des deutschen Arbeitsmarktes

Schwierigkeitsgrad	2
Beschreibung	Die Karikatur zeigt fünf Männer, die „auf gepackten Koffern" auf einem Bahnsteig sitzen. Die Fünf sind unterschiedlich gekleidet. Vorn sitzt ein Mann in Latzhosen und Gummistiefeln auf einer Truhe mit der Aufschrift „Mecklenburg-Vorpommern", die Männer mit den Koffern „Sachsen" und „Sachsen-Anhalt" tragen Anzug, der Mann mit dem Rucksack „Thüringen" trägt einen Wanderhut. Sie alle blicken – ebenso wie der Mann mit dem Koffer „Brandenburg" – erstaunt/zornig/ängstlich/erwartungsvoll auf die Anzeigetafel, welche eine schlechte Nachricht bereithält: „Aufschwung Ost. Der Zug hat unbekannte Verspätung".
Deutung	Der Zusammenbruch der DDR war zum Zeitpunkt der Zeichnung eineinhalb Jahre her. Am 3. Oktober 1990 sind die „fünf neuen Länder" der Bundesrepublik beigetreten, aber die Hoffnung der Ostdeutschen auf eine schnelle Verbesserung der wirtschaftlichen Lage hat sich bisher nicht bzw. nur z. T. erfüllt. Die große Mehrzahl der DDR-Staatsbetriebe erwies sich als nicht konkurrenzfähig und musste bald nach dem Mauerfall aufgeben. In der Folge wurden Hunderttausende, die in der DDR einen schlecht bezahlten, jedoch sicheren Job innehatten, in die Arbeitslosigkeit geschickt. Dass der Lebensstandard in Ostdeutschland dennoch aufgrund umfangreicher Finanztransfers gestiegen ist, tröstet die Menschen kaum. Sie warten weiterhin auf den versprochenen „Aufschwung Ost" und erhoffen sich vor allem eine Reduzierung der im bundesdeutschen Vergleich hohen Arbeitslosenzahlen (vgl. auch den „ICE" als Symbol für deutsche Hochtechnologie).
Ergänzende Materialien	Ostdeutschland und Westdeutschland im Vergleich M1 BIP der deutschen Bundesländer

Wirtschaftskraft variiert

Je Einwohner betrug das Bruttoinlandsprodukt 2012 in ...

Bundesland	BIP je Einwohner
Hamburg	53.100€
Bremen	41.900€
Hessen	37.700€
Bayern	36.900€
Baden-Württemberg	36.000€
Nordrhein-Westfalen	32.600€
Saarland	31.400€
Berlin	29.500€
Rheinland-Pfalz	29.400€
Niedersachsen	29.000€
Schleswig-Holstein	27.200€
Sachsen	23.400€
Brandenburg	23.200€
Sachsen-Anhalt	22.900€
Mecklenburg-Vorpommern	22.600€
Thüringen	22.200€

Quelle: Statistisches Bundesamt 2013 | © Hans-Böckler-Stiftung 2014

Arbeitsaufträge	1. Erläutere unter Verwendung des statistischen Materials das wirtschaftliche Hinterherhinken Ostdeutschlands. 2. Recherchiere Statistiken zu Wahlbeteiligung und Wahlergebnissen in den „fünf neuen Ländern" und erläutere den Zusammenhang mit den Wirtschaftsdaten. 3. Diskutiert Möglichkeiten und Erfolgsaussichten, den „Aufschwung Ost" zu beschleunigen.

Immer Ärger mit dem ICE

Klaus Pielert (Künstler), Haus der Geschichte, Bonn, Immer Ärger mit dem ICE (Handelsblatt, 27. Juni 1991)

Schlagworte

Wiedervereinigung, Mauerfall, Euphorie, Aufschwung Ost, Solidaritätszuschlag, Hinterlassenschaft der DDR, Planwirtschaft, Kommunismus, Gesamtdeutschland, Ostdeutschland, die „fünf neuen Länder“, Pessimismus, populistische Parteien, Linkspartei, AfD, Politikverdrossenheit, Lebensstandard, Abwanderung

27. Sparen oder Investieren? Der Streit um die (deutsche) „Austeritätspolitik“

Schwierigkeitsgrad	2-3
Beschreibung	Linkerhand erkennt man auf einem Berg das durch eine junge, verzweifelt wirkende Frau personifizierte Europa (vgl. den Mythos der von Zeus entführten Prinzessin). Europa fordert eine mit dem Schriftzug „Griechenland“ beschriftete Eule (Personifizierung der Hauptstadt Athen) auf, doch nun endlich in Richtung „Konjunktur“ und „Schuldenabbau“ loszufliegen. Der Eule sind allerdings beide Flügel (vgl. die „Gehälter“ bzw. „Löhne“) gestutzt; zugleich ist sie mit einer Kette an eine schwere Eisenkugel mit der Aufschrift „erhöhte Steuern“ gefesselt.
Deutung	Europa blickt verzweifelt auf Griechenland: Mehrere Jahre nach Ausbruch der Schuldenkrise hoffen die Vertreter der EU bzw. der Euro-Staaten weiterhin auf ein Ende der Rezession sowie auf ein Ende der Regierungskrisen in Athen. Für den Zeichner ist dagegen klar, dass eine wirtschaftliche Gesundung so nicht funktionieren kann: Seiner Ansicht nach führten die Lohn- und Gehaltskürzungen sowie die verabschiedeten Steuererhöhungen eher zu einem weiteren Rückgang der privaten Nachfrage. Die Folge: Statt Wirtschaftswachstum Stagnation bzw. Rückschritt, statt Schuldenabbau steigende Neuverschuldung. Luff prophezeit, dass die von der Troika (den „Institutionen“, also Vertretern von EU, EZB und IWF) geforderten Maßnahmen das Land erst recht „in den Abgrund reißen“ werden. Tendenz: Klare Positionierung gegen die von ihren Kritikern pejorativ als „Austeritätspolitik“ bezeichnete Politik der inneren Abwertung zur Rückgewinnung von Wettbewerbsfähigkeit und des deflationären Defizitabbaus.
Ergänzende Materialien	M1

M1

Land	**Staatsschulden**	**Wirtschaftswachstum**
Deutschland		
Frankreich		
Italien		
Spanien		
Land deiner Wahl		

Arbeitsaufträge	1. Sparen oder die Wirtschaft mit zusätzlichen Ausgaben ankurbeln? Erläutere, warum du Griechenland diesen oder jenen Weg zur Haushaltskonsolidierung empfehlen würdest. 2. Interpretiere die Karikatur. 3. Recherchiere die Schuldenquote sowie das aktuelle BIP-Wachstum Deutschlands, Frankreichs, Italiens und Spaniens (oder eines weiteren Landes deiner Wahl) und trage die entsprechenden Daten in die Tabelle M1 ein.

Luff (Rolf Henn), „Flieg!“, Mai 2011
(Luff (Rolf Henn): Luff '11. Ertappt!, Stuttgart 2011, S. 55)

Schlagworte

Austerität, Griechenland, EU, Euro, Eurorettung, Defizitabbau, Sparen, Staatsverschuldung, Ausgabenkürzungen, Wirtschaftswachstum, Rezession, innere Abwertung, Wettbewerbsfähigkeit, Kreditwürdigkeit, Konjunktur, Nachfrage(ausfall), Troika, IWF

28. Kreditklemme – Wirtschaftliche Stagnation trotz Nullzinspolitik und quantitativer Lockerung?

Schwierigkeitsgrad	3
Beschreibung	Links im Bild steht ein Mann im Arbeitsanzug und mit Schirmmütze. Er hält einen Gartenschlauch in der Hand, aus welchem lediglich einige wenige Tropfen Wasser kommen. Rechts im Bild erkennt man Angela Merkel. Die Bundeskanzlerin blickt auf einen großen Wasserhahn, an welchen der Gartenschlauch angeschlossen ist, und spricht die Worte: „Komisch! Hier ist alles voll aufgedreht!" Während der Wasserhahn rechts also aufgedreht ist und links nichts ankommt, ist der mittlere Abschnitt des Schlauchs zu einem riesigen Ballon angeschwollen. Dieser Teil des Gartenschlauchs ist mit dem Wort „Banken" sowie dem Euro-Symbol beschriftet. Zudem scheint der Schlauch in diesem Bereich schon mehrfach geflickt worden zu sein.
Deutung	Der Zeichner Nik Ebert thematisiert mit seiner Karikatur eine höchst problematische Folge der Finanzkrise: Das Problem der „Kreditklemme" (vgl. die Bildunterschrift). Während die europäische Zentralbank (und nicht die Politik – Fehler in der Darstellung!) durch Leitzinssenkung und quantitative Lockerung (Ausweitung der Geldmenge, „QE") die Wirtschaft ankurbeln will, kommen bei den Unternehmen keine bzw. wenige Kredite an. Diese können deshalb ihrer eigentlichen Aufgabe, der Schaffung von Arbeitsplätzen und Wirtschaftswachstum durch (kreditfinanzierte) Investitionen, nicht nachgehen. Der Grund für die sogenannte Kreditklemme: Banken befürchten angesichts der angespannten wirtschaftlichen Lage weitere Kreditausfälle und horten das Zentralbank-Geld lieber, anstatt es an die Unternehmen weiterzuleiten. Solange aber kein Vertrauen in die Finanzwelt zurückkehrt, faule Kredite in den Bilanzen nicht ausgewiesen bzw. abgeschrieben und Zombie-Banken künstlich durch die EZB am Leben erhalten werden, wird eine nachhaltige Belebung der Konjunktur nicht gelingen.
Ergänzende Materialien	**„Kreditklemme"** EZB Senkt Leitzins, um die Konjunktur zu beleben **Theorie:** Banken leihen Unternehmen Geld → Diese investieren in neue Fabriken und Maschinen und schaffen so neue Arbeitsplätze ↯ Realität ↯ Banken sind durch die Finanzkrise angeschlagen: – „Zombie-Banken" haben „faule Kredite" in ihren Bilanzen ↯ – Banken vertrauen Unternehmen angesichts der schwachen Konjunktur nicht ↯ – Banken vertrauen sich gegenseitig nicht: „Interbanken-Markt" ist tot Folge: Billiges Geld kommt bei Unternehmen nicht an ↓ Belebung der Konjunktur misslingt

Arbeitsaufträge	1. Stelle die normalen Folgen einer Leitzinssenkung sowie einer Politik der quantitativen Lockerung (Ausweitung der Geldmenge) in einem einfachen Schaubild dar. 2. Erläutere den Begriff „Kreditklemme". 3. Diskutiert mögliche Lösungen des Problems.

Wo's klemmt

Nik Ebert, Wo es klemmt ...
(Rheinische Post, 4. Dezember 2009)

Schlagworte

Kreditklemme, Finanzkrise, Schuldenkrise, Bankenkrise, EZB, Leitzins, Kreditvergabe, Zombie-Banken, faule Kredite, Interbankenmarkt, Vertrauen, Angst, Kreditausfall, quantitative easing (QE), quantitative Lockerung, Investitionen, Mittelstand, BIP, Arbeitslosigkeit, Einstellungen

29. Keine Neueinstellungen trotz Wirtschaftswachstum? Die Abkoppelung von Unternehmensgewinn und Beschäftigung

Schwierigkeitsgrad	3
Beschreibung	Die Karikatur zeigt ein Auto, welches in der Mitte durchgesägt ist. Auf der linken Seite des Bildes sieht man die vordere Hälfte des Wagens, der sich mit hoher Geschwindigkeit fortbewegt. Am Steuer dieses „Konjunktur“ beschrifteten Autos sitzt ein wohlgenährter Mann im Anzug, der eine dicke Zigarre raucht und ziemlich zufrieden dreinblickt. Rechts im Bild schieben bzw. ziehen derweil eine Frau und ein Mann mit Zipfelmütze (deutscher Michel) den hinteren Teil des Pkw; auf diesem ist das Wort „Beschäftigung“ zu lesen. Im Unterschied zum vorderen Teil bewegt sich dieser Teil des Autos nur sehr langsam („im Schritttempo“) vorwärts. Der Titel der Karikatur lautet: „Ach ja, das waren noch Zeiten, als wir noch zusammengehörten!“.
Deutung	Die zentrale Aussage der Karikatur: Konjunkturelle Aufschwünge sind heute weitestgehend von der Entwicklung auf dem Arbeitsmarkt „abgekoppelt“. Während es den Unternehmen (vgl. den klassischen Unternehmertyp mit Anzug und Zigarre) in der Folge wirtschaftlichen Wachstums gut geht, spüren die Arbeitnehmer und insbesondere die Arbeitslosen wenig bis nichts vom Aufschwung. Wie Statistik M 1 zeigt, hinkt die Entwicklung auf dem Arbeitsmarkt der konjunkturellen Entwicklung seit Jahren deutlich hinterher. Jobs werden in Deutschland erst ab einem Wachstum von ca. 2 % geschaffen. Mögliche Gründe für die Zurückhaltung der Unternehmen bezüglich Neueinstellungen sind dabei u. a.: Ein hoher Kündigungsschutz, mangelndes Vertrauen in die Nachhaltigkeit des Wirtschaftsaufschwunges und hohe Lohnnebenkosten lassen Unternehmer eher in Maschinen (Automatisierung) bzw. im günstigeren Ausland investieren. Eine weitere Folge der Entwicklung ist, dass die Löhne der abhängig Beschäftigten zuletzt weitgehend stagnierten.
Ergänzende Materialien	M1, M2 (siehe unten)

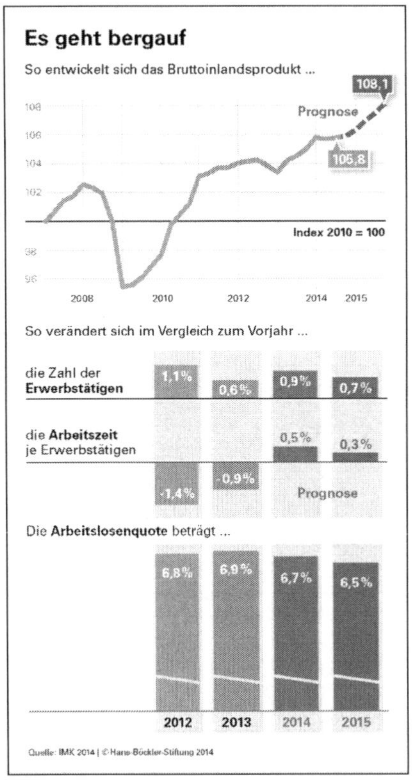

M1

Es geht bergauf

So entwickelt sich das Bruttoinlandsprodukt …

Index 2010 = 100; Prognose; 105,8; 108,1

2008 · 2010 · 2012 · 2014 · 2015

So verändert sich im Vergleich zum Vorjahr …

	2012	2013	2014	2015 (Prognose)
die Zahl der Erwerbstätigen	1,1 %	0,6 %	0,9 %	0,7 %
die Arbeitszeit je Erwerbstätigen	-1,4 %	-0,9 %	0,5 %	0,3 %

Die Arbeitslosenquote beträgt …

2012	2013	2014	2015
6,8 %	6,9 %	6,7 %	6,5 %

Quelle: IMK 2014 | © Hans-Böckler-Stiftung 2014

M2

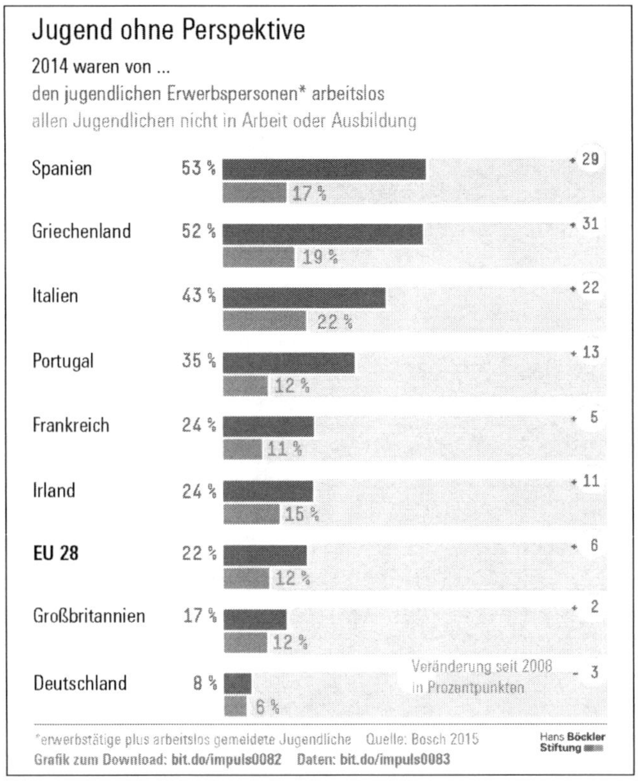

Jugend ohne Perspektive

2014 waren von …
den jugendlichen Erwerbspersonen* arbeitslos
allen Jugendlichen nicht in Arbeit oder Ausbildung

	arbeitslos	nicht in Arbeit oder Ausbildung	Veränderung seit 2008 in Prozentpunkten
Spanien	53 %	17 %	+ 29
Griechenland	52 %	19 %	+ 31
Italien	43 %	22 %	+ 22
Portugal	35 %	12 %	+ 13
Frankreich	24 %	11 %	+ 5
Irland	24 %	15 %	+ 11
EU 28	22 %	12 %	+ 6
Großbritannien	17 %	12 %	+ 2
Deutschland	8 %	6 %	- 3

*erwerbstätige plus arbeitslos gemeldete Jugendliche Quelle: Bosch 2015
Grafik zum Download: bit.do/impuls0082 Daten: bit.do/impuls0083
Hans Böckler Stiftung

Arbeitsaufträge	
	1. Partnerarbeit: Beschreibt die Karikatur und unternehmt einen ersten Deutungsversuch.
	2. Partnerarbeit: Interpretiert das statistische Material in M1 und M2.
	3. Tragt mögliche Gründe für das Auseinanderklaffen von Wachstum und Beschäftigung zusammen.

„Ach ja, das waren noch Zeiten, als wir noch zusammengehörten!“

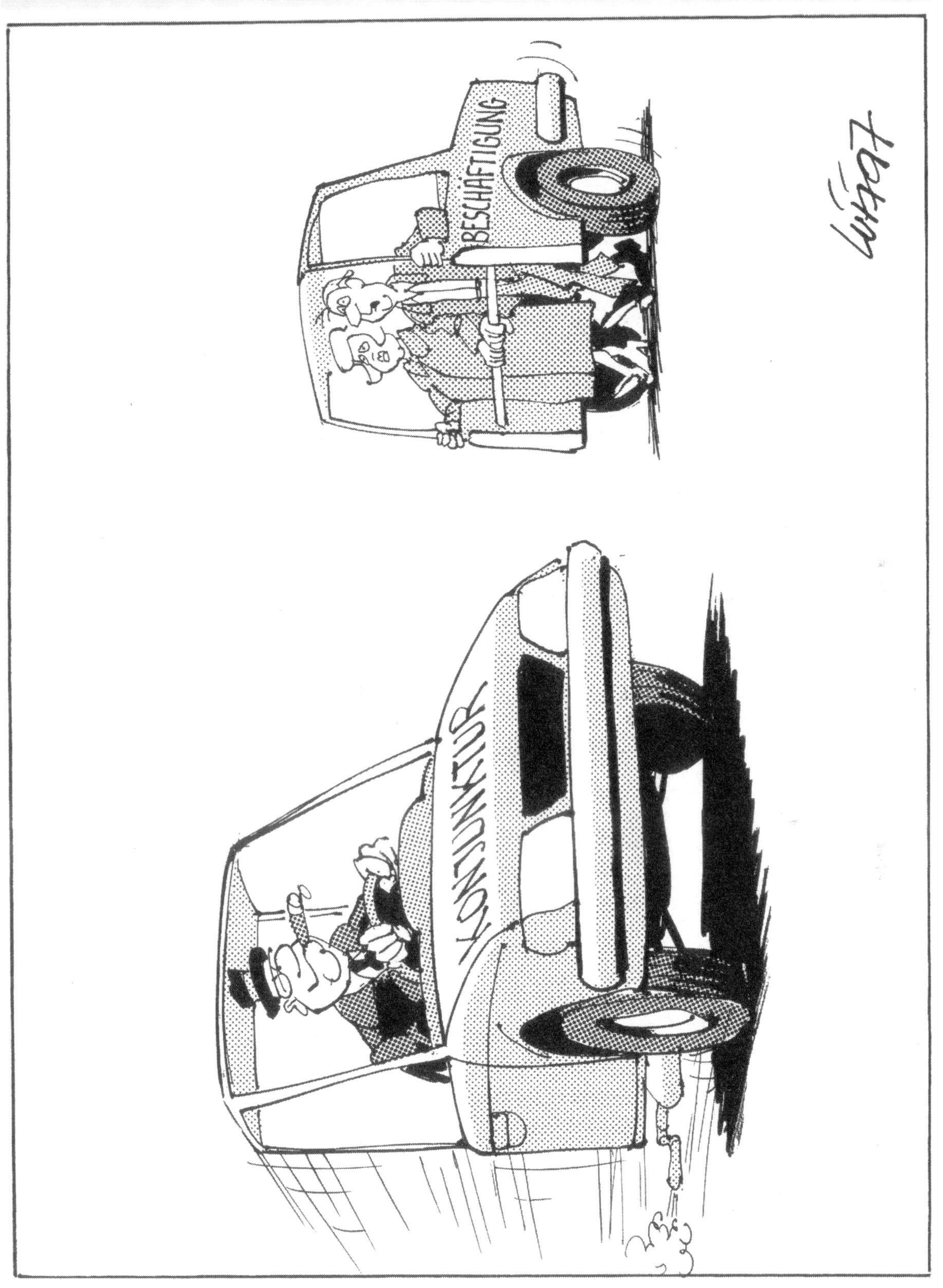

Luff (Rolf Henn), „Ach ja, das waren noch Zeiten, als wir noch zusammengehörten!“, Januar 1997
(Luff (Rolf Henn): Luff '97. Ertappt! Politische Karikaturen, Leinfelden-Echterdingen 1997, S. 42)

Schlagworte

Wirtschaftswachstum, Arbeitslosigkeit, Produktivität, Arbeitskosten, Lohnnebenkosten, Konjunktur, Aufschwung, Boom, Beschäftigungspolitik, Arbeitsmarktpolitik, Neueinstellungen, Kündigungsschutz, Automatisierung, Unternehmensgewinne, Löhne

30. Managergehälter – Wie viel ist gerecht?

Schwierigkeitsgrad

1

Beschreibung

Im Mittelpunkt der Karikatur steht eine Waage, die sich im Gleichgewicht befindet. Während sich auf dem rechten Teller der Waage ein einziger Mann mit Anzug (auf diesem sind die Buchstaben „CEO“ zu erkennen (Chief Executive Officer, Unternehmensvorstand)) und Krawatte sowie ein riesiger Sack mit dem Schriftzug „compensation“ (Bezüge) befindet, stehen auf dem linken dicht gedrängt dutzende Menschen.

Einige dieser Männer und Frauen auf der linken Waagschale tragen Aktentaschen oder Bauarbeiterhelme, andere halten Klemmbretter, einen Hammer oder auch einen Schraubenschlüssel in der Hand. Sie alle blicken den Anzugträger, der gut gelaunt die Worte „Notice how nicely this balances out!“ (Schaut, wie schön sich das einpendelt!) spricht, verblüfft an.

Deutung

Die Karikatur spielt auf die Diskussionen um die Höhe von Managergehältern und -boni an. Manager, Vorstände und Vorstandsvorsitzende großer börsennotierter Unternehmen verdienen oft das Vielfache eines durchschnittlichen Arbeiterlohns, manche „kassieren“ sogar in einem einzigen Jahr mehr, als ein normaler Arbeiter in seinem ganzen Leben verdient. Dabei ist die Einkommensungleichheit in den USA noch weitaus stärker ausgeprägt als in Europa. Die Position des Karikaturisten in dieser Debatte ist klar: Er hält die aktuelle Höhe der Managergehälter, wo ein Manager mehr als das zwanzig- oder dreißigfache eines normalen Arbeiters oder Angestellten verdient, für deutlich überzogen.

Ergänzende Materialien

M1 Managergehälter

Die Bezüge der Dax-Chefs

Gesamtvergütung der Vorstandsvorsitzenden der 30 Dax-Unternehmen im Jahr 2015 in Millionen Euro (jüngster verfügbarer Stand):

Name	Unternehmen	Vergütung
D. Zetsche	Daimler	8,54 Mio €
K.-L. Kley	Merck	7,89
M. Müller	Volkswagen	7,35
B. Scheifele	Heidelberg Cement	7,25
J. Kaeser	Siemens	6,53
K. Rorsted	Henkel	6,44
H. Krüger	BMW	6,22
R. Powell	Fresenius Med. Care	5,80
S. Heidenreich	Beiersdorf	5,75
U. M. Schneider	Fresenius	5,71
M. Dekkers	Bayer	5,44
F. Appel	Deutsche Post	5,03
T. Höttges	Deutsche Telekom	5,01
K. Bock	BASF	5,00
E. Degenhart	Continental	4,98
O. Bäte	Allianz	4,79
H. Hiesinger	ThyssenKrupp	4,79
H. Hainer	Adidas	4,62
B. McDermott	SAP	4,45
J. Teyssen	E.ON	4,44
N. von Bomhard	Munich RE	4,26
T. Ebeling	ProSiebenSat1	4,11
W. Büchele	Linde	4,04
P. Terium	RWE	3,95
M. Blessing	Commerzbank	3,06
C. Kengeter	Deutsche Börse	2,99
J. Cryan, J. Fitschen	Deutsche Bank	2,92
R. Buch	Vonovia	2,90
C. Spohr	Lufthansa	2,72
R. Ploss	Infineon	2,65

dpa•26310

Quelle: DSW

Arbeitsaufträge

1. Recherchiere, welches Jahresgehalt die Top-Spieler der Fußballbundesliga sowie welches Gehalt deutsche Spitzenmanager erhalten.
2. Rechne aus, wie viel Jahre ein durchschnittlicher Arbeitnehmer (Monatsbruttogehalt: 3000 €) arbeiten muss, um an den Jahresverdienst eines deutschen Spitzenmanagers heranzukommen.
3. Diskutiere schriftlich, ob Top-Manager und Fußballprofis die Gehälter, die sie bekommen, verdient haben.

Steve Greenberg, Ventura County Star, 2002

Schlagworte

Managergehälter, Boni, Gerechtigkeit, Leistung, Anreize, Einkommen, Gehalt, Reichtum, Armut

31. Ausbeuter und Abzocker? Unternehmer im Zerrspiegel der öffentlichen Meinung

Schwierigkeitsgrad	2
Beschreibung	Zu sehen ist links ein Mann im „feinen Anzug“. Er trägt Brille, Hut und Krawatte und hat einen Zigarillo oder eine Zigarette mit Mundstück im Mund. Mit dem rechten Arm stützt er sich auf einen Spazierstock. Dem Mann gegenüber steht ein Spiegel, welcher „öffentliche Meinung“ überschrieben ist. Dieser Spiegel zeigt den gleichen Mann stark verzerrt: dick, ja fett, mit einem feisten, unsympathischen Gesicht und riesiger Zigarre.
Deutung	Der Karikaturist Klaus Pielert spielt mit seiner Zeichnung auf die Tatsache an, dass Unternehmer in der deutschen Öffentlichkeit oft einen eher schlechten Ruf haben. Das klassische Stereotyp des Unternehmers als gewissenloser Kapitalist mit dicker Zigarre, Zylinder und goldener Armbanduhr, von vielen Karikaturisten häufig verwendet, wird von Pielert mithilfe des Zerrspiegels auf die Spitze getrieben. Dem verbreiteten Bild des rücksichtslosen Ausbeuters, mitleidlosen Bosses und „Abzockers“ stellt Pielert das seiner Ansicht nach reale Bild des Unternehmers entgegen: Das positive Bild eines Mannes, der durchaus wohlhabend ist, diesen Wohlstand jedoch mit großem Arbeitsaufwand und unter Inkaufnahme beträchtlicher Risiken eigenhändig aufgebaut, dabei viele Arbeitsplätze geschaffen hat und dabei immer „anständig“ geblieben ist (also über ein soziales Gewissen verfügt).

Arbeitsaufträge	1. Versucht in Erfahrung zu bringen, wie der Arbeitsalltag eines Unternehmers aussieht (Interviewt Mitschüler, deren Eltern selbständig sind, oder ladet einen Unternehmer in den Unterricht ein etc.). 2. Lieber selbstständig oder angestellt? Listet in Partnerarbeit Vor- und Nachteile auf. 3. Lieber selbstständig oder angestellt? Erläutere schriftlich, wie du dir deine persönliche berufliche Zukunft vorstellst.

Der Unternehmer im Zerrspiegel

Klaus Pielert (Künstler), Haus der Geschichte, Bonn, Der Unternehmer im Zerrspiegel, o.J.

Schlagworte

Unternehmen, Unternehmer, „Ausbeuter", „Abzocker", Wohlstand, Reichtum, Rendite, Leistung, Leistungsanreize, Kapitalismus, freie Marktwirtschaft, staatliche Intervention, Staatsbetriebe, Sozialismus, unternehmerische Verantwortung, Selbstständigkeit, Investitionen, Risiko, Gewerkschaften, wirtschaftsfreundlich, wirtschaftsfeindlich, öffentliche Meinung, Arbeitsplätze, Entlassungen, Löhne

32. Tarifvertragsverhandlungen – „Deutliche Lohnerhöhungen“ oder „Erhalt der internationalen Wettbewerbsfähigkeit“?

Schwierigkeitsgrad	1
Beschreibung	Die Karikatur zeigt zwei Männer, die an einem runden Tisch sitzen. Links im Bild sitzt ein einfach gekleideter Mann mit Schiebermütze, der mit der rechten Hand ein Plakat mit der Aufschrift „Wir fordern“ in die Luft reckt; an seinem Sessel lehnt eine massive, mit Nägeln gespickte Keule. Sein linker Arm ist ausgestreckt und mündet in eine überdimensional große, geöffnete Hand. Der Mann gegenüber trägt Anzug, Krawatte und Hut. Außerdem hat er ein Pistolenholster mit der Aufschrift „Aussperrung“ um die Hüfte geschnallt, in welchem ein schwerer Colt steckt. Mit der linken Hand hält er einen Zettel mit den Worten „Wir bieten“ vor sich, mit der stark geschrumpften rechten Hand eine winzige Münze in die Höhe.
Deutung	Peter Leger thematisiert hier den typischen Verlauf von Tarifverhandlungen: Während Arbeitgeber(verbände) und Gewerkschaften zu Beginn der Verhandlungen oft Maximalforderungen stellen und zur Durchsetzung ihrer Position häufig mit Arbeitskämpfen drohen, einigen sie sich am Ende des „Tarifpokers“ zumeist auf einen Kompromiss (vgl. die Bildunterschrift). Kommentar: Auf der einen Seite sollten die Arbeitnehmer in Boomzeiten möglichst gerecht an der Ausschüttung der Unternehmensgewinne beteiligt werden. Zugleich muss jedoch darauf geachtet werden, dass Deutschland seine Wettbewerbsfähigkeit nicht aufgrund zu hoher Tarifabschlüsse aufs Spiel setzt.
Ergänzende Materialien	**Arbeitskämpfe im internationalen Vergleich, verlorene Arbeitsstunden**

M1

Weniger Streikende

So entwickelte sich laut WSI das Streikvolumen in Deutschland ...

So viele Arbeitstage fielen im Schnitt von 2005 bis 2013 durch Streiks aus in ...

Schweiz	1
Österreich	2
Polen	5
Schweden	5
Niederlande	8
USA	9
Deutschland	16
Großbritannien	23
Irland	28
Norwegen	53
Spanien	66
Finnland	76
Belgien	77
Kanada	102
Dänemark	135
Frankreich*	139

jährlich pro 1.000 Beschäftigte

*2005-2012

Quelle: WSI 2015 | © Hans-Böckler-Stiftung 2015

M2

Unsicheres Spanien

Befristet beschäftigt waren 2015 in ...

Spanien	20,7 %
Frankreich	13,7 %
Italien	10,6 %
Deutschland	10,1 %
Großbritannien	4,7 %
EU	11,2 %

Quelle: Eurostat 2016 Grafik zum Download: bit.do/impuls0427 Hans Böckler Stiftung

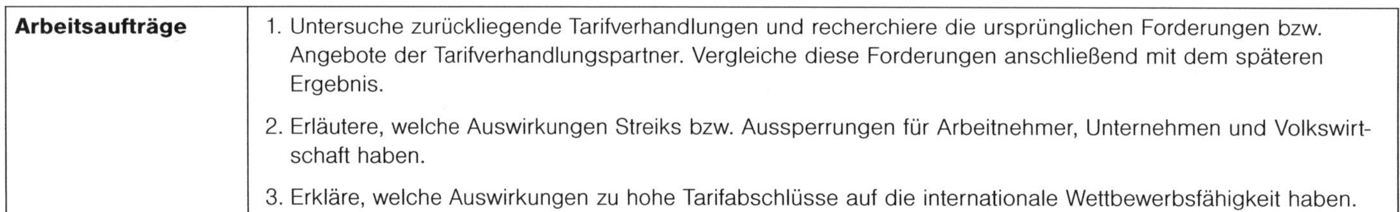

Arbeitsaufträge	1. Untersuche zurückliegende Tarifverhandlungen und recherchiere die ursprünglichen Forderungen bzw. Angebote der Tarifverhandlungspartner. Vergleiche diese Forderungen anschließend mit dem späteren Ergebnis. 2. Erläutere, welche Auswirkungen Streiks bzw. Aussperrungen für Arbeitnehmer, Unternehmen und Volkswirtschaft haben. 3. Erkläre, welche Auswirkungen zu hohe Tarifabschlüsse auf die internationale Wettbewerbsfähigkeit haben.

Peter Leger (Künstler), Haus der Geschichte, Bonn, Alle Jahre wieder ..., o.J.

Schlagworte

Tarifverhandlungen, Tarifpolitik, Gewerkschaftsseite, Arbeitnehmerseite, Aussperrung, Streik, Inflation, Inflationsausgleich, Wirtschaftswachstum, Arbeitslosigkeit, Keynesianismus, Tarifvertrag, Tarifvertragslaufzeit, Arbeitskampf, Streik, Aussperrung, Schlichtung, Zwangsschlichtung, Wettbewerbsfähigkeit, Lohnkosten, Lohnnebenkosten

33. Die Löhne sind zu hoch!? Die angebotsorientierte Position

Schwierigkeitsgrad	3
Beschreibung	Auf einer Art Hochhaus ist ein Mann mit Baskenmütze zu erkennen, der eine vor (britischen Pfund-)Banknoten überquellende Schubkarre vor sich herschiebt. Der Mann wirkt entsprechend glücklich und zufrieden. Weitere Details: Die Schubkarre ist mit „wages“ (Löhne) beschriftet. Rechts im Bild sieht man ferner das Schild „Danger! Unemployment“, welches vor einem tiefen Abgrund warnt; ganz links steht ein Fabrikgebäude mit hohem Schornstein.
Deutung	Der Mann, der als Arbeiter dargestellt ist, kommt soeben aus der Fabrik links. Er trägt sein äußerst üppiges Gehalt nach Hause. Die große Geldsumme ist vermutlich einer kräftigen und, wie der Zeichner meint, unverhältnismäßig hohen Lohnerhöhung zu verdanken. Der riesige Berg an Banknoten, den der Arbeiter schon mit einer Schubkarre (!) nach Hause fahren muss, hat zur Folge, dass der Mann die potentiellen Gefahren hoher Lohnforderungen ignoriert: Er steuert direkt auf den „Abgrund“ der Arbeitslosigkeit zu. Zusammenfassende Aussage der Karikatur: Zu hohe Lohnabschlüsse im Tarifpoker gefährden Jobs, da Unternehmen aufgrund der gestiegenen Lohnkosten („Kostendruck“) zu Entlassungen gezwungen sind bzw. sein könnten. Zugleich steigt die Wahrscheinlichkeit, dass sie menschliche Arbeitskraft durch Maschinen ersetzen oder Teile der Produktion ins günstigere Ausland verlagern.
Ergänzende Materialien	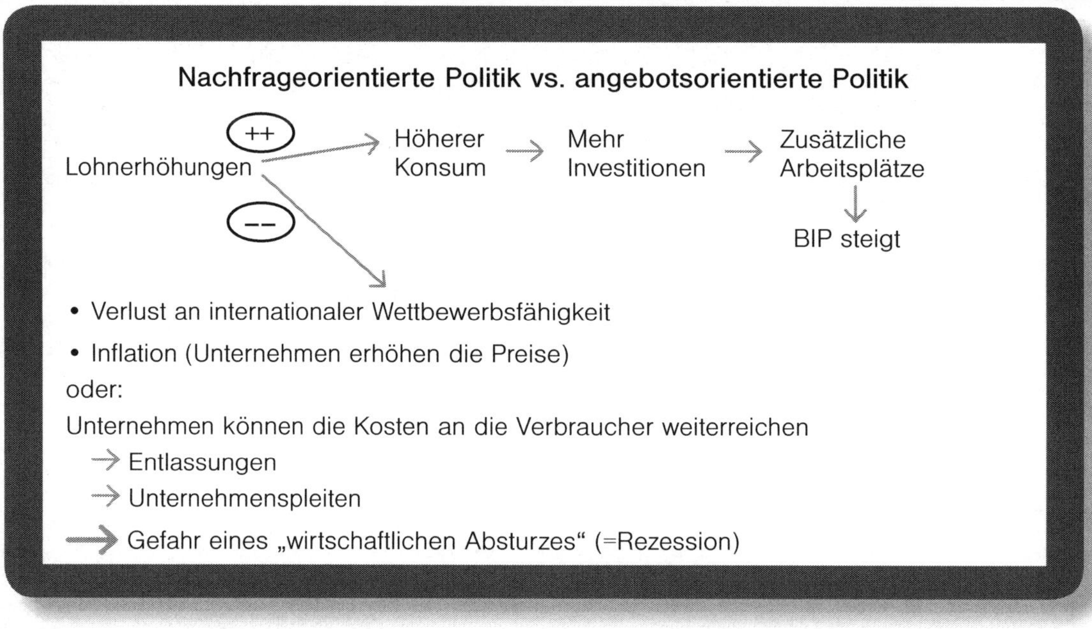 **Nachfrageorientierte Politik vs. angebotsorientierte Politik** Lohnerhöhungen (++) → Höherer Konsum → Mehr Investitionen → Zusätzliche Arbeitsplätze → BIP steigt Lohnerhöhungen (– –) → • Verlust an internationaler Wettbewerbsfähigkeit • Inflation (Unternehmen erhöhen die Preise) oder: Unternehmen können die Kosten an die Verbraucher weiterreichen → Entlassungen → Unternehmenspleiten → Gefahr eines „wirtschaftlichen Absturzes“ (=Rezession)

Arbeitsaufträge	1. Diskutiere vor der Analyse der Karikatur positive und negative Folgen von Lohnerhöhungen. 2. Analysiere die Karikatur. 3. Beziehe schriftlich Stellung zur Aussage der Karikatur.

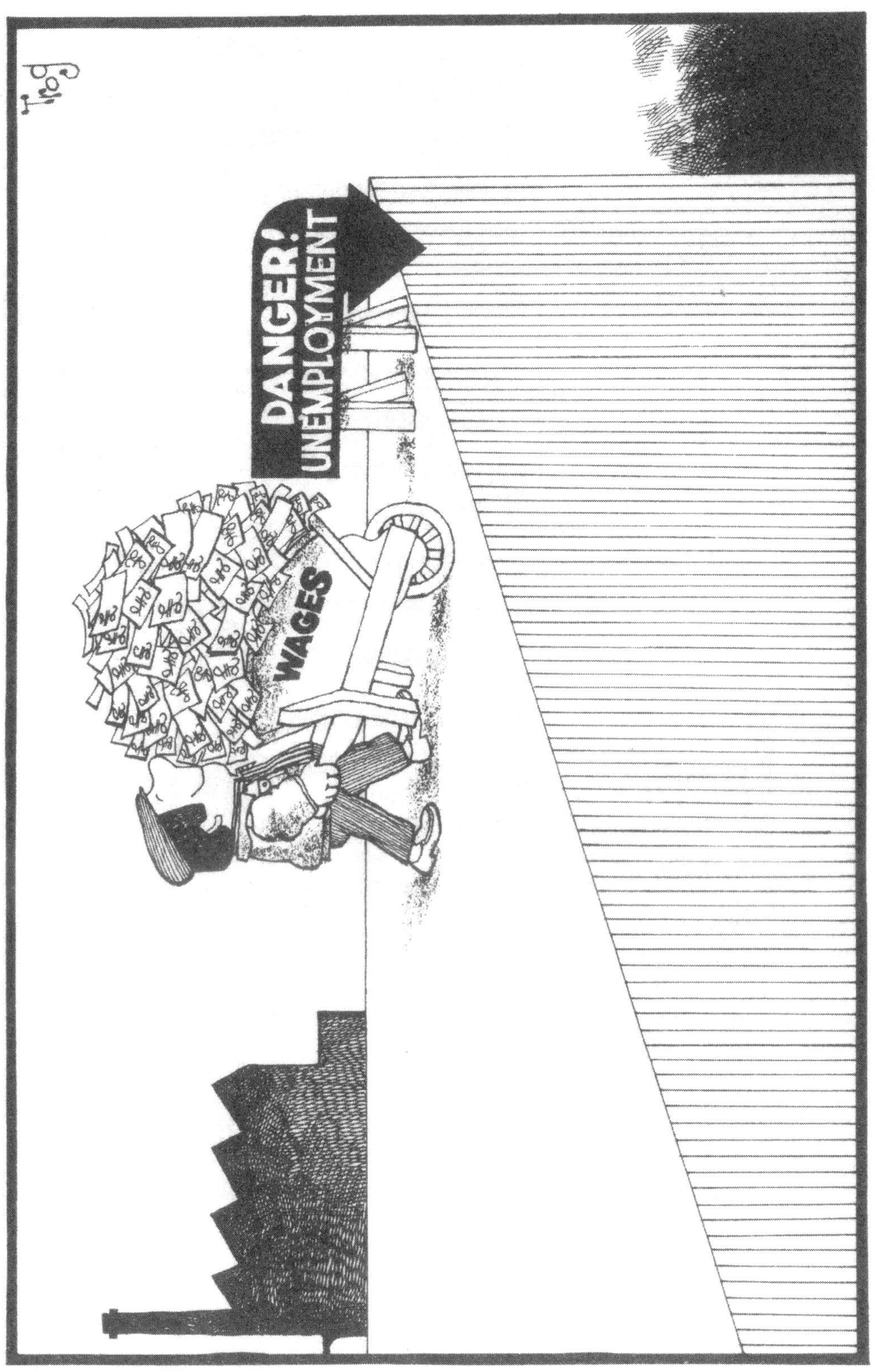

Trog, ohne Titel, o.J.
(Arno Koch (Hrsg.): Irgendwo muß man 'nen Strich ziehen. Wirtschaft und Arbeitswelt in der Karikatur (Wirtschaftskarikaturen, Bd. 1), Königstein ^{2}1981, S. 76)

Schlagworte

Lohnentwicklung, Inflation, Arbeitslosigkeit, Tarifpartner, Tarifverhandlungen, Tarifabschluss, Gewerkschaften, Arbeitgeber, Lohnkosten, Produktivität, Konsum, nachfrageorientierte Politik, angebotsorientierte Politik

34. Die Löhne sind zu niedrig!? Die nachfrageorientierte Position

Schwierigkeitsgrad	2
Beschreibung	Im Mittelpunkt der Karikatur steht eine große Brille, welche von einer großen Hand im rechten unteren Bildrand gehalten wird. Die Brillengläser haben offensichtlich unterschiedliche Stärken. Während durch das linke Brillenglas ein Arbeiter (vgl. die Mütze, einfache Arbeitskleidung, hochgekrempelte Ärmel sowie ein Zettel mit der Aufschrift „Löhne") stark vergrößert erscheint, wirkt der Unternehmer rechts (vgl. Hut, Anzug, Krawatte sowie ein Zettel mit der Aufschrift „Gewinne") deutlich kleiner bzw. schmaler. Dass dies eine optische Täuschung ist und sich die Größenverhältnisse in der Realität ganz anders darstellen, zeigen die tatsächlichen Proportionen der beiden Männer, die ein Blick über bzw. unter den Rand der Brille erkennen lässt. Weitere Details: Im Bildvordergrund, unterhalb des Brillengestells, liegt ein Blatt Papier mit der Überschrift „Wirtschaftswissenschaftliches Gutachten".
Deutung	Der Karikaturist thematisiert mit seiner Karikatur die Sicht von Wirtschaftswissenschaftlern (evtl. des Sachverständigenrates, die so genannten Wirtschaftsweisen) auf die Konjunkturlage in Deutschland. Legers Ansicht nach sind die an die Politik gerichteten Gutachten bzw. Empfehlungen der Experten nicht nur einseitig, sondern schlichtweg falsch. Die häufig geäußerte Forderung nach Lohnzurückhaltung zur Stärkung der internationalen Wettbewerbsfähigkeit kritisiert der Zeichner. Seiner Meinung nach sind die Löhne in Deutschland zu niedrig. Zugleich hält er die Unternehmensgewinne (von denen ein großer Anteil im Übrigen reinvestiert wird) für ausreichend bzw. zu hoch. Tendenz: Peter Leger befürwortet eine nachfrageorientierte Politik und setzt sich für höhere Lohnabschlüsse (evtl. auch für höhere Unternehmenssteuern) ein.
Ergänzende Materialien	Lohnkostenniveau Unternehmensgewinne

Arbeitsaufträge	1. Überlege und notiere, welche Vorteile ein höherer Unternehmensgewinn für Arbeiter und Angestellte haben könnte. 2. Stelle in einem Schaubild die positiven und negativen Folgen höherer Lohnabschlüsse für die deutsche Volkswirtschaft dar. 3. Arbeite aus den aktuellen Empfehlungen des Sachverständigenrates (bzw. aus einer Zusammenfassung der Empfehlungen) zwei bis drei zentrale Forderungen der Wirtschaftsweisen heraus und vergleiche diese mit der Karikatur.

Ansichtssache

Peter Leger (Künstler), Haus der Geschichte, Bonn, Ansichtssache
(in: Metall, o.J.)

Schlagworte

Wirtschaftswissenschaften, Volkswirtschaftslehre, Sachverständigenrat, Wirtschaftsweise, Jahresgutachten Angebotsorientierung, nachfrageorientierte Politik, arbeitgebernah, gewerkschaftsnah, Konjunkturprognosen, Wirtschaftspolitik, Unternehmensgewinne, Lohnkosten, Liberalismus, Marktoptimismus, (Neo-)Klassiker, Smith, Hayek, Friedmann, Keynes

35. Die vorhandene Arbeit besser verteilen – ein Erfolg versprechender „Weg zu mehr Beschäftigung"?

Schwierigkeitsgrad	3
Beschreibung	Inmitten eines riesigen Irrgartens, dessen Wände z.T. aus den Buchstaben des Wortes „Arbeitslosigkeit" geformt sind, stehen zwei Männer. Einer von ihnen trägt eine Zipfelmütze (deutscher Michel) und lässt betrübt die Schultern hängen. Der andere Mann (der damalige IG Metall-Vorsitzende Klaus Zwickel) trägt Anzug und wirkt zuversichtlicher. Er hält ein großes Blatt Papier mit der Aufschrift „32-Stundenwoche" in den Händen und muntert seinen Begleiter auf: „Also, nach meinem Plan geht's einfach geradeaus!"
Deutung	Die Karikatur bezieht sich auf in den vergangenen Jahren immer mal wieder vorgebrachte Vorschläge, die durchschnittliche Wochenarbeitszeit von Beschäftigten in bestimmten Branchen – möglichst bei vollem Lohnausgleich – um einige Stunden zu reduzieren, um so die vorhandene Arbeit auf mehr Menschen zu verteilen. Konkret greift die vorliegende Karikatur den „Plan" des damaligen IG-Metall-Vorsitzenden Zwickel zur Reduzierung der Arbeitslosenzahlen auf. So „einfach", wie Zwickel sich das vorstellt, scheint die Sache jedoch nicht zu sein: Der „Deutsche Michel" reagiert nicht gerade euphorisch, und in der Tat ist ja ein „Ausweg" aus Luffs „Irrgarten der Arbeitslosigkeit" nicht zu erkennen. Es stimmt zwar, dass viele Arbeitnehmer und Angestellte einen großen Berg Überstunden vor sich herschieben, ihre Arbeit kann aber nicht einfach so von anderen Beschäftigten übernommen werden, da hierzu häufig spezielle Kenntnisse oder Fertigkeiten erforderlich sind, über die nicht jeder verfügt. Eine Umverteilung von Arbeit scheitert also vor allem am Fachkräftemangel, denn eine erhebliche Zahl der Arbeitslosen ist nicht oder nur unzureichend für die moderne Industrie- bzw. Dienstleistungsgesellschaft qualifiziert. Darüber hinaus würde eine Umverteilung von Arbeit bei, wie von den Gewerkschaften gefordert, vollem oder auch nur teilweisem Lohnausgleich (der Beschäftigte erhält also trotz geringerer Arbeitszeit den gleichen oder einen geringfügig gekürzten Lohn wie vorher), für die Unternehmen erhebliche Kostensteigerungen bedeuten – weshalb sich diese gegen derartige Vorschläge der Arbeitnehmerseite sperren.
Ergänzende Materialien	**Die vorhandene Arbeit einfach besser verteilen – ein Erfolg versprechender Ausweg aus der Arbeitslosigkeit?**

Pro	Contra
??	Überstunden werden häufig von Fachkräften geleistet, für die es keinen Ersatz gibt Überstunden werden häufig zu Zeiten von Hochkonjunkturphasen angesammelt und später wieder abgebaut Arbeitgeber zahlen lieber Überstunden anstatt kurzfristig neue Mitarbeiter einzustellen, Grund: hoher Kündigungsschutz Reibungsverluste, erhöhter Koordinationsaufwand Freiwillige Reduzierung der Arbeitszeit/Teilzeit schon jetzt häufig möglich Selbstausbeutung: wer 50% reduziert, arbeitet häufig nicht automatisch 50% weniger

Arbeitsaufträge	1. Recherchiert zum Thema Arbeitszeitverkürzung. 2. Erklärt den Begriff (voller) Lohnausgleich. 3. Bewertet die Forderungen nach einer „besseren" Verteilung der Arbeit in Deutschland. 4. Diskutiert alternative „Wege" zu mehr Beschäftigung.

„Also, nach meinem Plan geht's einfach geradeaus!"

Luff (Rolf Henn), „Also, nach meinem Plan geht's einfach geradeaus!", April 1997
(Luff (Rolf Henn): Luff '97: Ertappt! Politische Karikaturen, Leinfelden-Echterdingen 1997, S. 59)

Schlagworte

Arbeitslosigkeit, Arbeitzeitverkürzung, Überstunden, Lohneinbußen, Tarifverhandlungen, Gewerkschaften, IG Metall, deutscher Michel, Reformen, Fachkräftemangel, Lohnausgleich

36. Mehr „Flexibilität" – ein Euphemismus für Ausbeutung?

Schwierigkeitsgrad	3
Beschreibung	Im Mittelpunkt der vorliegenden Karikatur steht eine Art Bauwagen. Dieser weist zwei Fenster mit Vorhängen sowie ein Ofenrohr auf. Der Bauwagen ist mit den Worten „Mobiler Arbeitnehmer sucht Job" beschrieben und ist sehr, sehr klein. Gezogen wird der Wagen von einem Fahrrad, wobei der Radfahrer einfache Kleidung und die Mütze eines Arbeiters trägt. Rad und Bauwagen sind mit einer dünnen Schnur verbunden.
Deutung	Der Karikaturist Peter Leger thematisiert in dieser Zeichnung die gestiegenen Flexibilitätsanforderungen moderner Volkswirtschaften. Die Zeiten, in denen Arbeitnehmer ihr ganzes Leben in einem einzigen Beruf bei einem einzigen Unternehmen an einem einzigen Ort gearbeitet haben, scheinen unwiederbringlich vorbei. Heute verlangen Arbeitgeber – verlangt der globale Konkurrenzdruck – von den Beschäftigten ein hohes Maß an „Mobilität" und Flexibilität. Hierbei kann es sich um zeitliche Flexibilität (Arbeit außerhalb der klassischen Kernarbeitszeit zwischen 7 und 17 Uhr), ständige Erreichbarkeit über Handy und E-Mail oder räumliche Flexibilität (dauerhafte oder zeitweise Versetzung an andere Standorte des Unternehmens – im Zuge der Globalisierung zunehmend auch weltweit) handeln. Die seit den 1970er Jahren stark angestiegene Arbeitslosigkeit hat zudem dazu geführt, dass sich Erwerbslose vermehrt zum Umzug in wirtschaftliche stärkere Regionen oder auch zu Umschulungen und Weiterbildung gezwungen sehen. Peter Leger äußert deutliche Kritik an dieser Entwicklung und hält die Forderungen der Unternehmen sowie des Staates nach größerer Flexibilität auf Seiten der Arbeitnehmer für überzogen. Das Bild des Rad fahrenden Arbeiters, der in einem winzigen Bauwagen wohnt und mit diesem im Schlepptau wie ein Tagelöhner von Stadt zu Stadt und Job zu Job zieht, ist dabei bewusst überzogen: Die Zuspitzung soll ein Bewusstsein für die Problematik schaffen und die Verantwortlichen zum Umdenken bewegen.

Arbeitsaufträge	1. Erkläre, in welcher Hinsicht Arbeitnehmer heute zunehmend flexibler werden müssen. 2. Diskutiert in Gruppen, wie viel Flexibilität ihr persönlich für einen potentiellen Arbeitgeber zu zeigen bereit wäret. 3. Versetzt euch in die Lage eines Familienvaters bzw. einer allein erziehenden Mutter. Überlegt, wo zunehmende Forderungen nach Flexibilität auf Grenzen stoßen. 4. Beurteile die Angemessenheit der Aussage der Karikatur.

Zumutbar

Peter Leger (Künstler), Haus der Geschichte, Bonn, Zumutbar
(in: Metall, o.J.)

Schlagworte

Arbeitsmarkt, Wandel der Arbeit, Flexibilität, Zumutbarkeit, Arbeitslosigkeit, sozialer Wandel, „Fördern und Fordern“, Agenda 2010, angebotsorientierte Politik, Normalbiografie, Normalarbeitsverhältnis, Moderne, Strukturwandel, Rationalisierung, Standortkonkurrenz

37. Tertiarisierung als Chance? „Jobwunder“ im Dienstleistungsbereich

Schwierigkeitsgrad	2
Beschreibung	Die dargestellte Szene spielt in einem WC. Einem Herrn, der im Begriff ist, auf die Toilette zu gehen, stehen vier Männer im Blaumann gegenüber, die ihm bei seinem „Geschäft“ zur Seite stehen möchten: Einer hält ihm die Klotür auf, ein zweiter reicht die Klopapierrolle, ein dritter steht bereit, dem „Kunden“ den Wasserhahn des Waschbeckens aufzudrehen und ein weiterer Mann hält das Händehandtuch bereit. Neben dem Blaumann tragen alle vier Männer Schirmmützen und grinsen breit. Die Karikatur trägt den Titel „Die Service-Offensive! Das Jobwunder ist möglich“.
Deutung	Plaßmann nimmt mit seiner Zeichnung kritisch Stellung gegenüber der oft geäußerten Hoffnung, dass im Dienstleistungssektor in den nächsten Jahren Millionen von Arbeitsplätzen geschaffen werden. Zum einen würden so viele Jobs im Bereich der Dienstleistungen gar nicht gebraucht: Aufs Klo gehen und sich die Hände waschen kann ein erwachsener Mensch auch alleine, ohne „Hilfe“. Zum anderen seien viele dieser neuen Arbeitsplätze oft schlecht bis miserabel bezahlt, vor allem im Vergleich zu Arbeitsplätzen im industriellen Sektor (vgl. Blaumann: Symbol für Arbeiter). Die Käppis der „Dienstleister“ könnten dabei eine Anspielung auf die Fast-Food-Kette McDonalds sein, die häufig als abschreckendes Beispiel für die Schaffung von einfachen, schlecht bezahlten Arbeitsplätzen (so genannten „Mc-Jobs“) im Zuge des Strukturwandels herangezogen wird.
Ergänzende Materialien	M1 **Dienstleistungen werden wichtiger** Von allen Beschäftigten arbeiteten im Bereich ... Dienstleistungen: 1950 37 %, 2010 74 % Industrie: 1950 55 %, 2010 25 % Landwirtschaft: 1950 8 %, 2000 1 % 1950 1960 1970 1980 1990 2000 2010 Quelle: Destatis 2015 **Grafik zum Download:** bit.do/impuls0192 **Daten:** bit.do/impuls0193 Hans **Böckler Stiftung**

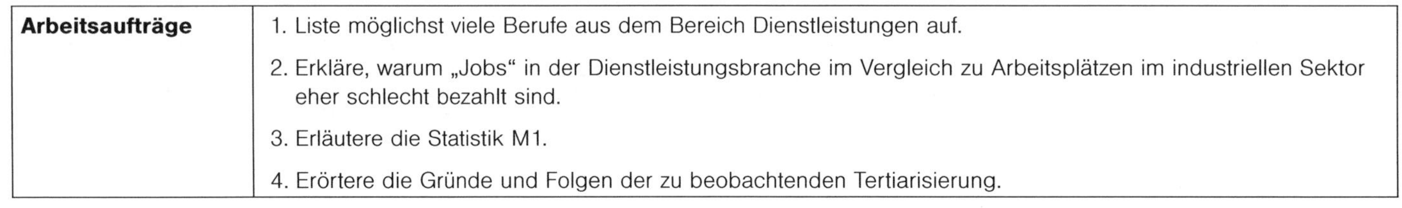

Arbeitsaufträge	
	1. Liste möglichst viele Berufe aus dem Bereich Dienstleistungen auf.
	2. Erkläre, warum „Jobs“ in der Dienstleistungsbranche im Vergleich zu Arbeitsplätzen im industriellen Sektor eher schlecht bezahlt sind.
	3. Erläutere die Statistik M1.
	4. Erörtere die Gründe und Folgen der zu beobachtenden Tertiarisierung.

Die Service-Offensive! Das Jobwunder ist möglich!

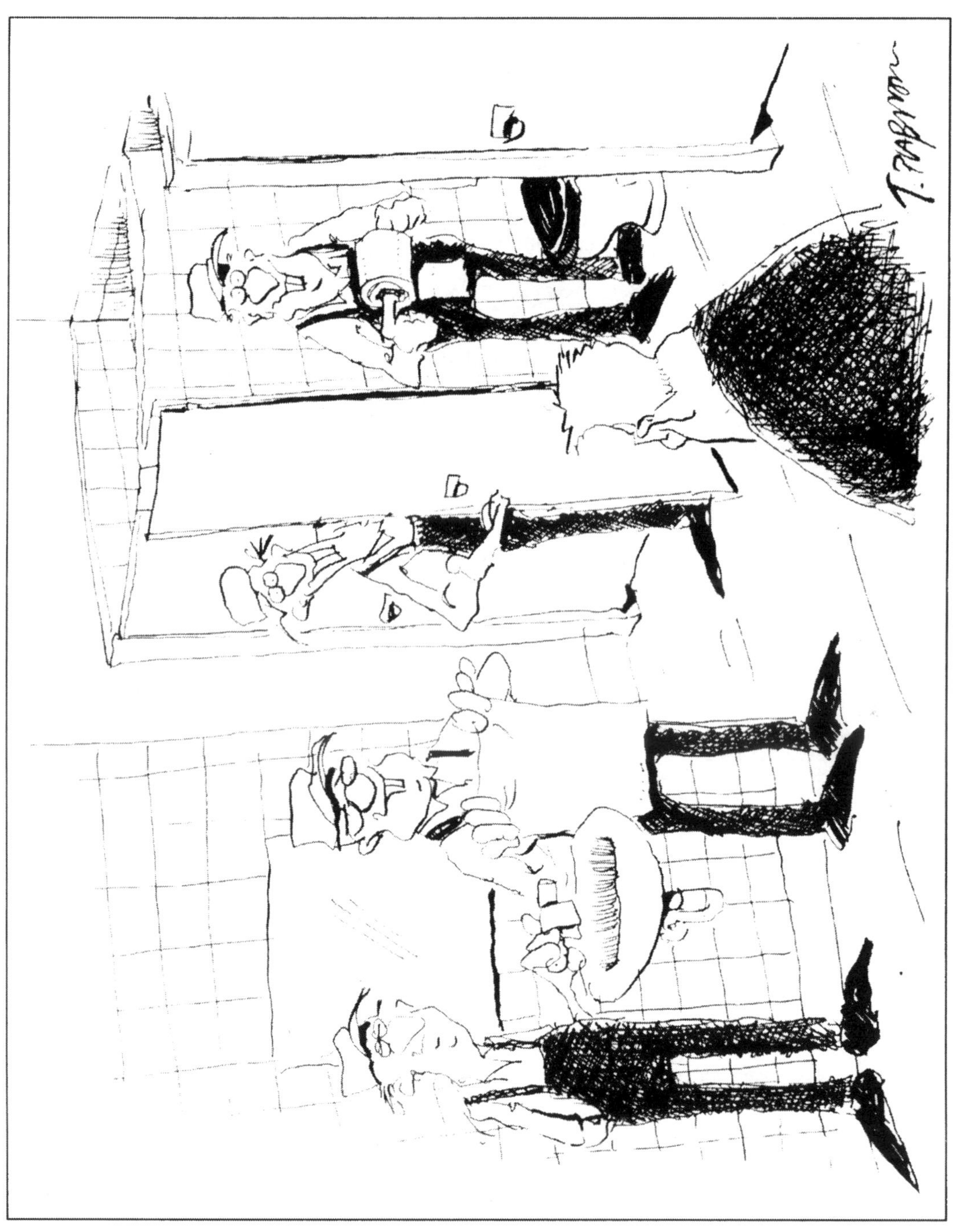

Thomas Plaßmann, Die Service-Offensive! Das Jobwunder ist möglich, o.J.

Schlagworte

Dienstleistungsbereich, Strukturwandel, „Jobwunder“, Zukunft der Arbeit, Arbeitslosigkeit, Agenda 2010, industrieller Sektor, Agrarsektor, Tertiarisierung

38. Globale Handelsungleichgewichte – Abstieg des Westens und Aufstieg Chinas?

Schwierigkeitsgrad	1
Beschreibung	Die dargestellte Szene scheint sich im Hafen von New York abzuspielen. Im Mittelpunkt der Karikatur stehen zwei Schiffe, ein sehr großes und ein sehr kleines. Wie die Freiheitsstatue in der rechten Bildmitte und die Hochhäuser im linken Bildrand zeigen, bewegen sich die beiden Schiffe in den Gewässern New Yorks. Während das große Schiff mit der Aufschrift „Importe" in den Hafen der Millionenstadt einzulaufen scheint (vgl. die Gischt vor dem Bug links), bewegt sich das kleine Boot, welches den Schriftzug „Exporte" trägt, nach rechts, in Richtung offenes Meer. Die berühmte New Yorker Freiheitsstatue scheint dem Ganzen nicht zusehen zu wollen und verdeckt währenddessen mit der linken Hand ihre Augen.
Deutung	Die USA importieren seit Jahrzehnten deutlich mehr Waren, als sie exportieren (vgl. die Statistik M1). Diese Entwicklung hat sich in den letzten Jahren nochmals deutlich verschärft (vgl. den Zeitpunkt der Entstehung der Karikatur). Während die US-Industrie in vielen Bereichen an Wettbewerbsfähigkeit gegenüber Staaten wie China einbüßt, verlagern immer mehr amerikanische Unternehmen ihre Produktion in das billigere Ausland. Die Folge sind eine massive Deindustrialisierung.
Ergänzende Materialien	M1, M2 (siehe unten)

M1

Der US-Außenhandel

Handelsbilanz der USA im Jahr 2016 mit diesen Ländern
(Differenz aus Exporten und Importen in Milliarden Dollar)

DEFIZIT

Land	Mrd. $
China	- 309,8 Mrd. $
Deutschland	- 67,8
Mexiko	- 61,7
Japan	- 56,3
Italien	- 31,3
Indien	- 30,9
Südkorea	- 17,5
Frankreich	- 12,5
Taiwan	- 8,3

ÜBERSCHUSS

Land	Mrd. $
Kanada	+ 8,1
Saudi-Arabien	+ 10,1
Großbritannien	+ 14,6
Singapur	+ 18,4
Brasilien	+ 23,6
Hongkong	+ 29,2

11676 © Globus Quelle: Bureau of Economic Analysis

M2

Deutschland behauptet sich

Von der weltweiten Industrieproduktion entfielen auf ...

	2000	2012
USA	31 %	27 %
China	9 %	23 %
EU 14	25 %	18 %
Japan	17 %	14 %
Deutschland	10 %	9 %
Indien	2 %	3 %

Quelle: Gornig 2015
Grafik zum Download: bit.do/impuls0145 Daten: bit.do/impuls0146
Hans Böckler Stiftung

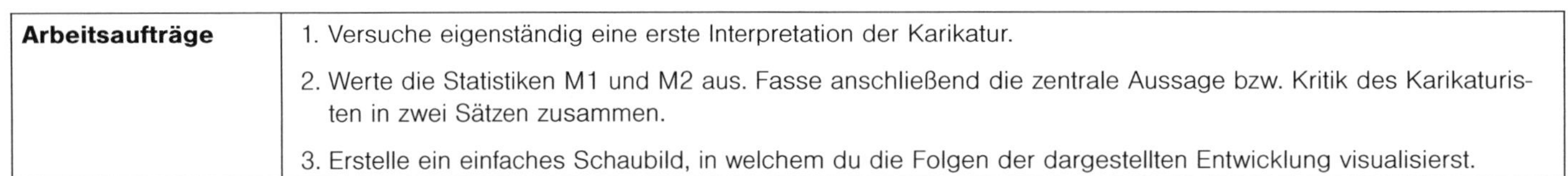

Arbeitsaufträge	1. Versuche eigenständig eine erste Interpretation der Karikatur. 2. Werte die Statistiken M1 und M2 aus. Fasse anschließend die zentrale Aussage bzw. Kritik des Karikaturisten in zwei Sätzen zusammen. 3. Erstelle ein einfaches Schaubild, in welchem du die Folgen der dargestellten Entwicklung visualisierst.

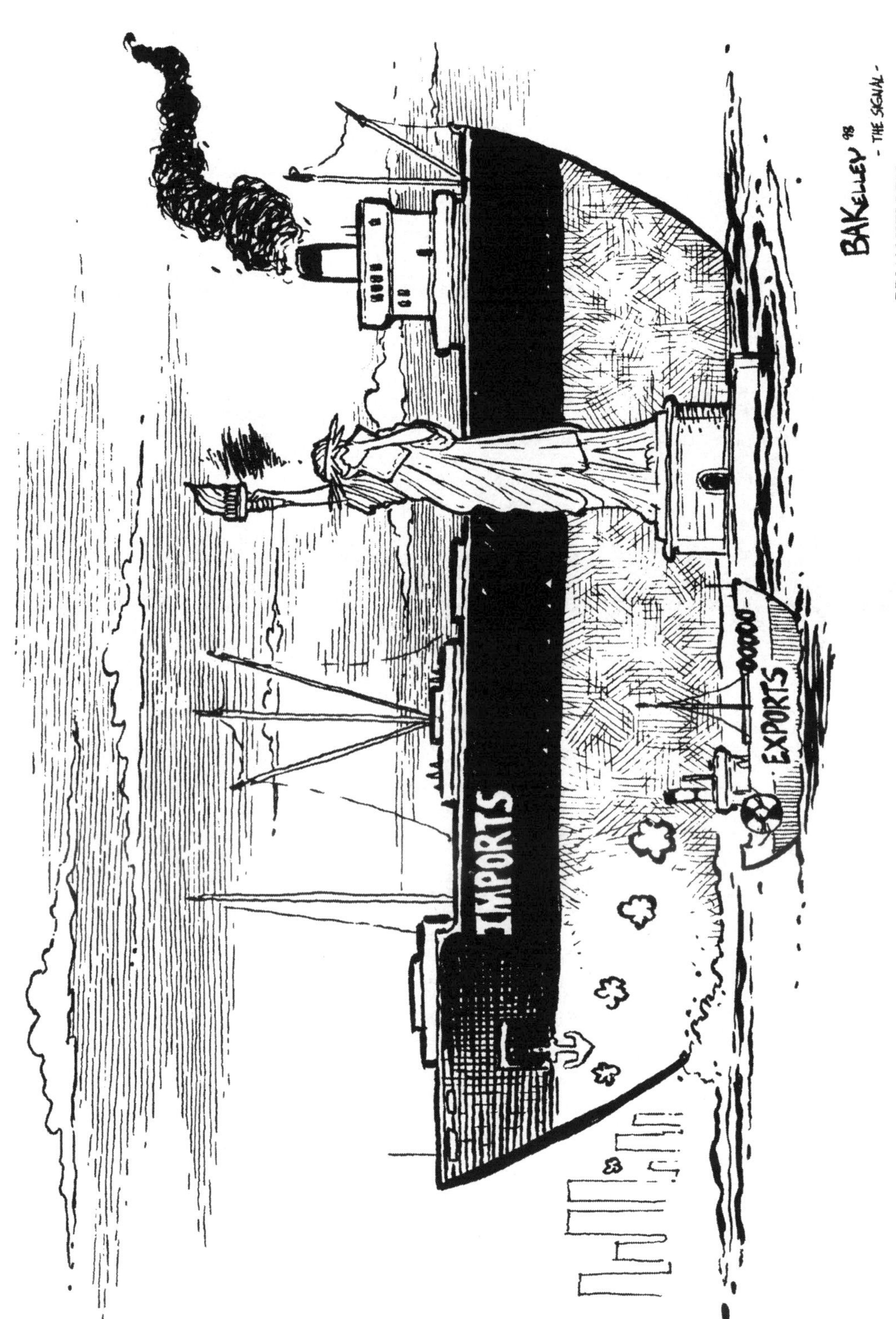

Brian Kelly, ohne Titel, The Signal (USA), 1998
(Charles Brooks (Hrsg.): Best Editorial Cartoons of the Year. 1999 edition, Gretna, LA. 1999, S. 106)

Schlagworte

Außenhandel, Handelsungleichgewichte, Magisches Viereck, Import, Export, ausgeglichener Außenbeitrag, Handelsbilanzdefizit, Leistungsbilanzdefizit, Leitwährung, Kapitalimport, Verschuldung, China, USA, Weltmacht, Direktinvestitionen, Deindustrialisierung, Dienstleistungsgesellschaft, Konsumorientierung, Inflation, Stabilität

39. Konkurrenzlos billige Produkte aus Fernost – Protektionismus als Ausweg?

Schwierigkeitsgrad	3
Beschreibung	Die Karikatur zeigt fünf Flugzeuge, die im Sturzflug Autos der Marken „Mazda", „Datsun" und „Toyota" auf vier flüchtende Menschen abwerfen. Die Fliehenden lassen sich als Marianne (Personifikation Frankreichs), Michel (Personifikation Deutschlands), John Bull (Personifikation Großbritanniens) und Uncle Sam (Personifikation der USA) identifizieren. Die Bildunterschrift lautet „Tora!, Tora!, Tora!".
Deutung	Im Zweiten Weltkrieg waren japanische Kampfpiloten für ihre Kamikaze-(Selbstmord-)Angriffe auf alliierte Kriegsschiffe berüchtigt. Die Bildunterschrift „Tora!, Tora!, Tora!" spielt auf eine amerikanisch-japanische Kriegsfilm-Koproduktion aus dem Jahr 1970 an, die den japanischen Angriff auf Pearl Harbor thematisiert. Japan hatte die Niederlage im Zweiten Weltkrieg erstaunlich schnell verarbeitet und das Land erlebte schon bald darauf ähnlich wie Deutschland ein „Wirtschaftswunder". In den 1970er und 1980er Jahren, zum Zeitpunkt der Veröffentlichung der Karikatur, werfen die Japaner anstatt Bomben nun billige Autos auf Großbritannien, Deutschland, Frankreich und die USA. Die Automobilindustrie der vier größten Industriestaaten ist der Konkurrenz (dem „Bombardement") aus dem Land der aufgehenden Sonne nicht gewachsen, die japanischen Exporte verdrängen die einheimischen Marken. Nach Ansicht Luries haben das Hegemonialstreben und die Weltherrschaftsansprüche der Japaner nichts an Aktualität eingebüßt, nur die Mittel seien heute andere: Japan ist im Begriff, die Welt wirtschaftlich zu dominieren.
Ergänzende Materialien	M1

M1

Rangfolge und Marktanteile der zehn stärksten Automobil-Länder 2015 und 2000	Rang		Marktanteile	
	2015	2000	2015	2000
China	1	8	27,0 %	3,5 %
USA	2	1	13,3 %	21,9 %
Japan	3	2	10,2 %	17,4 %
Deutschland	4	3	6,7 %	9,5 %
Südkorea	5	5	5,0 %	5,3 %
Indien	6	15	4,5 %	1,4 %
Mexiko	7	9	3,9 %	3,3 %
Spanien	8	6	3,0 %	5,2 %
Brasilien	9	12	2,7 %	2,9 %
Kanada	10	7	2,5 %	5,1 %
Marktanteile zehn Länder			79,0 %	75,5 %

© Wochenschau Verlag. Quelle: OICA – Organisation Internationale des Constructeurs d'Automobiles, Paris 2016; www.oica.net

Arbeitsaufträge	1. Recherchiert Informationen zur Entwicklung der japanischen Wirtschaft seit 1945. 2. Welches Land exportiert heute massenhaft günstige Waren in die westlichen Industrieländer? Was für Waren sind das? 3. Erörtert ökonomische Folgen sowie Möglichkeiten des Umgangs mit den massenhaften „Billigimporten". 4. Diskutiert, inwieweit der verstärkte Kauf deutscher Produkte eine Lösungsmöglichkeit wäre.

Ranan R. Lurie, „Tora!, Tora!, Tora!", o. J.
(Ranan R. Lurie, So sieht es Lurie, 1970-1980, Berlin 1980, S. 392)

Schlagworte

Lohnkonkurrenz, Protektionismus, Wettbewerbsvorteile, Standortvorteile, Konsumgüter, Export, Standortverlagerung, Unternehmensverlagerung, Handelskrieg, Automobilindustrie, Japan, China, Volkswirtschaft

40. Protektionismus – sinnvoller Schutz des eigenen Marktes oder Gefährdung der eigenen (Export-)Wirtschaft?

Schwierigkeitsgrad	3
Beschreibung	Die Karikatur wird dominiert von einer hohen Mauer. Auf einer Leiter stehend ist ein Maurer im Begriff, diese noch höher zu bauen (seine Hose trägt den Schriftzug „höhere Zollsätze"). Hierbei blickt er zu einem zweiten Mann mit Spitzbart und Schürze (Onkel Sam, Personifizierung der USA) hinunter und spricht die Worte: „Das wird uns vor (ausländischer) Konkurrenz schützen". Onkel Sam selbst steht an einer Art Ladentisch, auf welchem bzw. unter welchem zahlreiche Produkte in Schachteln und Dosen sowie eine Rolle Einpackpapier erkennbar sind. Sam kratzt sich am Bart und blickt skeptisch zu dem Mann auf der Leiter auf. Weitere Details: Rechts stehen Fässer mit Obst, links im Bild eine Kasse sowie ein Schild mit der Aufschrift „USA. Waren verschiedener Art zu verkaufen. Wir akzeptieren nur Dollars".
Deutung	Herblock macht mit seiner Zeichnung auf die Tatsache aufmerksam, dass eine protektionistische Außenhandelspolitik nicht intendierte negative Folgen mit sich bringt. Die Forderung nach höheren „Zollmauern", um die eigene Industrie vor unliebsamer ausländischer „Konkurrenz" zu schützen, kritisiert der Karikaturist als kurzsichtig und kontraproduktiv. Tatsächlich zeigt die historische Erfahrung, dass die Außenhandelspartner auf protektionistische Maßnahmen eines Landes in der Regel rasch reagieren und ihrerseits mit Einfuhrbeschränkungen, Strafzöllen oder ähnlichem aufwarten. Dann aber würden die (höheren) Zölle nicht die eigene Industrie schützen, sondern dieser ganz im Gegenteil schaden, da nun die heimische Wirtschaft selbst weniger in das Ausland exportieren kann.
Ergänzende Materialien	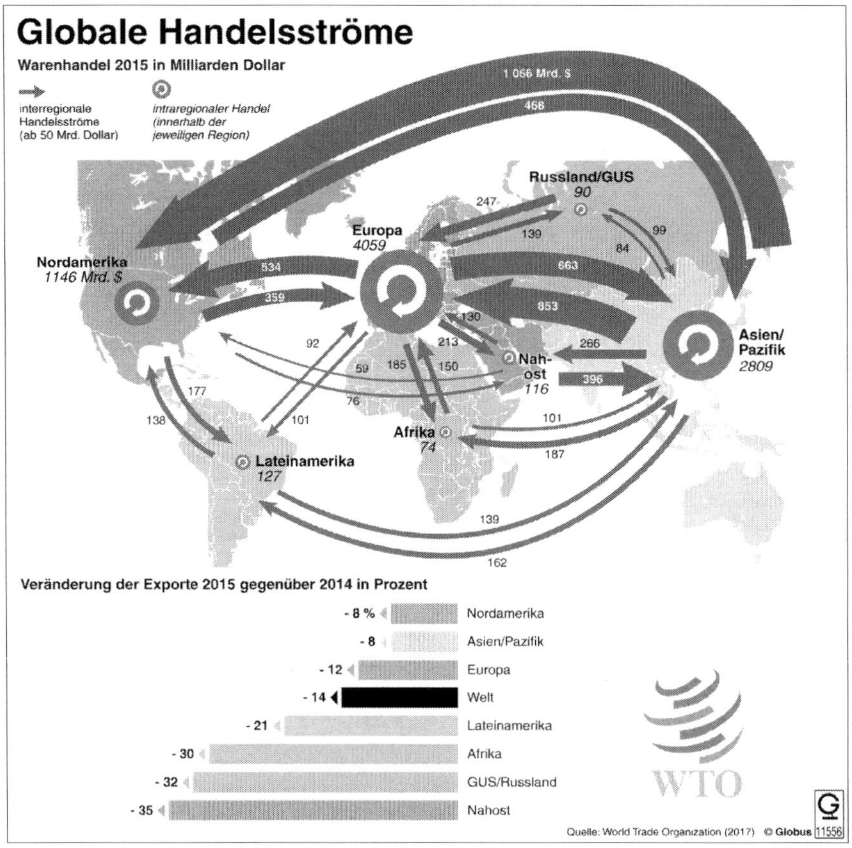 **Globale Handelsströme** Warenhandel 2015 in Milliarden Dollar interregionale Handelsströme (ab 50 Mrd. Dollar) – intraregionaler Handel (innerhalb der jeweiligen Region) Nordamerika 1146 Mrd. $ · Europa 4059 · Russland/GUS 90 · Asien/Pazifik 2809 · Nahost 116 · Afrika 74 · Lateinamerika 127 Veränderung der Exporte 2015 gegenüber 2014 in Prozent -8 % Nordamerika -8 Asien/Pazifik -12 Europa -14 Welt -21 Lateinamerika -30 Afrika -32 GUS/Russland -35 Nahost WTO Quelle: World Trade Organization (2017) © Globus 11556

Arbeitsaufträge	1. Stimmt – vor der Bearbeitung der Karikatur – in der Klasse darüber ab, ob die EU sich durch höhere Zölle vor Billigimporten aus Fernost schützen sollte. 2. Analysiere die Karikatur. 3. Beziehe – nach Bearbeitung der Karikatur – schriftlich zum Abstimmungsergebnis Stellung.

Herblock (Herbert Block), „This will keep out competition“ (Washington Post, Mai 1952)

Schlagworte

Freihandel, Außenhandel, Ricardo, Smith, Handelskrieg, Liberalismus, Protektionismus, Import, Export, Zölle, Zollmauer, nicht-tarifäre Handelshemmnisse, internationaler Wettbewerb, Globalisierung, Schutzzollpolitik

41. Protektionismus oder Freihandel? Internationale Bemühungen um den Abbau von Zollschranken

Schwierigkeitsgrad	3
Beschreibung	Die dargestellte Szene zeigt eine große Versammlung – von Hunden (in Hong Kong im Jahr 2005). Hinter dem zentralen, auf einer Bühne aufgebauten Rednerpult steht ein Hund. Dieser hebt mahnend den Zeigefinger und ruft laut „Aus!“ in den Saal hinein. Vor ihm im Publikum sitzen ausschließlich Hunde, von denen jeder einen Knochen im Maul hält, welcher jeweils mit den Worten „Zölle“ bzw. „Subventionen“ beschriftet ist.
Deutung	Auf den regelmäßigen Treffen der WTO-Mitglieder – wie hier 2005 in Hong Kong – geht es um eine Förderung des Welthandels. Ein zentrales Thema ist hierbei die Senkung bzw. der vollständige Abbau von Zöllen und nichttarifären Handelshemmnissen (wie z. B. vorgeschobene „Sicherheitsbedenken“ und „Umweltstandards“ etc.). Auch wenn diese Bemühungen um einen freieren Handel seit Ende des Zweiten Weltkrieges insgesamt sehr erfolgreich waren und sich fast alle Staaten – theoretisch – zum Freihandel bekennen, bestehen viele Länder immer wieder auf Ausnahmen, um „unverzichtbare“ Bereiche ihrer heimischen Industrie vor ausländischer Konkurrenz zu schützen. Ohne diese Zölle, so wird oft argumentiert, würde das Land mit billigen Importen überflutet und die eigene Industrie würde zusammenbrechen. Aus dem gleichen Grund unterstützen viele Staaten bestimmte Branchen zudem durch öffentliche Subventionen – was den Wettbewerb zusätzlich verzerrt. In letzter Zeit werden die multilateralen zunehmend durch bilaterale Freihandelsabkommen (CETA, TTIP) ergänzt, auch weil die WTO an Grenzen stößt.
Ergänzende Materialien	M1 **Die Welthandelsorganisation WTO** Die WTO (World Trade Organization) zählt zu den wichtigsten Institutionen zur Behebung internationaler Wirtschaftsprobleme. Ihr Ziel ist es, Zölle und andere Handelshemmnisse abzubauen und den freien Handel zu fördern. 162 Mitgliedstaaten 22 Staaten mit Beobachterstatus WTO Sitz: Genf (Schweiz) Gründung: 1.1.1995 Generaldirektor: Roberto Azevêdo Quelle: WTO Stand März 2016 © Globus 10897

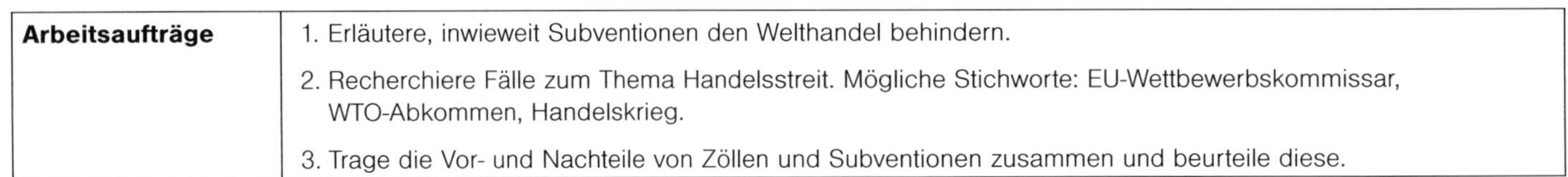

Arbeitsaufträge	1. Erläutere, inwieweit Subventionen den Welthandel behindern. 2. Recherchiere Fälle zum Thema Handelsstreit. Mögliche Stichworte: EU-Wettbewerbskommissar, WTO-Abkommen, Handelskrieg. 3. Trage die Vor- und Nachteile von Zöllen und Subventionen zusammen und beurteile diese.

Luff (Rolf Henn), ohne Titel, Dezember 2005
(Luff (Rolf Henn): Luff '11. Ertappt!, Stuttgart 2006, S. 22)

Schlagworte

WTO (World Trade Organization), GATT (General Agreement on Tariffs and Trade), Protektionismus, Freihandel, Zölle, Zollabbau, (nichttarifäre) Handelshemmnisse, internationale Politik, G 8, Welthandel, Globalisierung, EU, Wettbewerb(sverzerrung), freie Preisbildung, Weltmarkt(preis), TTIP, CETA

42. Führt die Individualisierung zur Ego-Gesellschaft?

Schwierigkeitsgrad	2-3
Beschreibung	Die Karikatur zeigt eine gigantische Pyramide, welche aus einzelnen Buchstaben besteht. Die riesigen Lettern fügen sich dabei zu den Worten „I", „me", „mine" und „myself" zusammen. Am Fuße der Pyramide erkennt man tausende kleiner Punkte, die beim genaueren Hinsehen Menschen darstellen. Einige der Menschen scheinen die Arme in die Höhe zu recken, eventuell zu feiern.
Deutung	Der Karikaturist Paul Conrad thematisiert und kritisiert die moderne „Ego-Gesellschaft", in der nicht mehr Gemeinsamkeit, Familie und Solidarität mit anderen, sondern einzig und allein das „Ich" im Mittelpunkt stehe. Diese Ich-Bezogenheit im Zeitalter der Individualisierung hat nach Ansicht Conrads mittlerweile groteske Züge angenommen: Die Menschen vergöttern die eigene Person geradezu. Sie beten das neue Leitbild an wie einst die Ägypter ihre Pharaonen oder die Azteken und Maya die Sonne (vgl. den pyramidenartigen Bau). Die egoistische Ich-Bezogenheit scheint sich nach Ansicht Conrads zu einem Massenphänomen entwickelt zu haben (vgl. die riesige Menschenmenge). Doch trifft Conrads Kritik tatsächlich zu? Kann man von einem Trend zur Ego-Gesellschaft sprechen, ist asoziales Verhalten wirklich zum Massenphänomen geworden? Eine Reihe von Fakten deutet darauf hin, dass Conrads Darstellung der gesellschaftlichen Entwicklung westlicher Industriestaaten wie Deutschland und die USA durchaus seine Berechtigung hat. Soziologen wie Beck und Schulze haben gezeigt, wie das Streben nach individueller Freiheit und Selbstentfaltung in den letzten Jahrzehnten deutlich zugenommen hat. Sie weisen aber auch darauf hin, dass dies neben neuen Risiken und Herausforderungen auch neue Chancen mit sich bringt. Darüber hinaus zeigen jüngste Ergebnisse der Shell-Jugendstudie, dass ein Großteil der Heranwachsenden durchaus traditionelle Werte wie Familie, Freundschaft und Verantwortung für sehr wichtig erachtet. Conrads alarmistische Warnungen vor einer zunehmend egoistischer und hedonistischer werdenden Welt scheinen also überzogen. Mögliche Beurteilung: Solange es Menschen gibt, werden Werte wie Familie, Freundschaft und „Füreinanderdasein" nicht verschwinden.
Ergänzende Materialien	Egoismus Selbstverwirklichung Hedonismus „homo optionis" Individualisierung ? Familie Freunde Gemeinschaft ? ←→ „neue Werte"? „alte Werte"?

Arbeitsaufträge	1. Erläutere knapp die „Individualisierungsthese" des Soziologen Ulrich Beck. 2. Analysiere die Karikatur. 3. Sind wir alle Hedonisten? Zählen Werte wie Familie, Freundschaft und Füreinanderdasein nicht mehr? Diskutiert.

Paul Conrad, ohne Titel
(Los Angeles Times, 1. Dezember 1978)

Schlagworte

Ego-Gesellschaft, Individualisierung, Individualisierungsthese, Moderne, Materialismus, Massenkonsum, Emanzipation, Hedonismus, Wertewandel, Werte und Normen, Entgrenzung, Tradition, Abkehr von traditionellen Institutionen, Postmoderne, postmaterielle Gesellschaft, Industriestaaten, Wohlstand, Überfluss, Freizeit, grenzenlose Freiheit, ehrenamtliches Engagement, Freiwilligenarbeit, Sich-einsetzen-für-andere

43. Kindererziehung – Aufgabe der Eltern, des Staates oder der Schule?

Schwierigkeitsgrad	1
Beschreibung	Die Szene spielt in einem kleinen Einfamilien- oder Reihenhaus. Ein Mann (oder eine Frau?) liegt, die Füße hochgelegt, im Wohnzimmer auf dem Sofa und schaut fern. In der linken Hand hält er eine Bierdose, die rechte liegt auf seinem mächtigen Bauch. Mit vollem Mund beklagt er sich lauthals: „Die amerikanische Gesellschaft hat bei der Erziehung meines Kindes wirklich einen lausigen Job gemacht!!" Weitere Details: Auf dem Couchtisch vor dem Sofa erkennt man einen (überfüllten?) Aschenbecher, zerknüllten Müll und eine zweite Dose Bier. Auf dem Boden daneben liegt eine weitere Dose. Im Hintergrund verlässt ein junger Mann die Haustür. Dieser trägt Glatze sowie ein Muskelshirt, welches einen Blick auf seine zahlreichen Tätowierungen an Hals und Oberarm ermöglicht.
Deutung	Die Aussage der Karikatur ist klar: Anstatt sich um seinen Sohn zu kümmern, hat der Vater lieber ferngesehen, Bier getrunken und geraucht. Dieser Eindruck wird durch den leicht verwahrlosten Eindruck des Hauses (vgl. den herumliegenden Müll) bestätigt. Die Nicht-Erziehung durch die Eltern scheint dabei Folgen für den Sohn gehabt zu haben: Er wird von der Zeichnerin als typisches Problemkind mit Glatze, Muskelshirt und abschreckenden Tätowierungen dargestellt. Die Schuld für die Probleme mit seinem rebellischen/schwänzenden/kleinkriminellen/Unruhe stiftenden Sohn sucht der Vater jedoch nicht bei sich selbst, sondern bei „der" Gesellschaft. Die Karikaturistin kritisiert diese – weit verbreitete? – Haltung. Ihrer Meinung nach ist es zu einfach, die Schuld für Probleme mit verhaltensauffälligen oder anderweitig schwierigen Jugendlichen einfach dem Staat, der Schule oder den Medien zuzuschreiben. Wichtigste Erziehungsinstanz, so erinnert sie uns, sind die Eltern. Die eigenen Kinder auf den richtigen Weg zu bringen, liege zuallererst in ihrer Verantwortung.

Arbeitsaufträge	1. Überlege, wie Erziehung zu Hause deiner Ansicht nach aussehen müsste und was Eltern ihren Kindern unbedingt beibringen sollten. Fasse deine Überlegungen anschließend in fünf Stichpunkten zusammen. 2. Vergleicht eure Ergebnisse in der Gruppe und einigt euch gemeinsam auf fünf Punkte. Sortiert die Aspekte dabei nach ihrer Wichtigkeit. 3. Erörtert, inwieweit die Schule Einfluss auf die positive Entwicklung von Kindern nehmen kann. Überlegt dabei auch, wie man überforderten Eltern helfen kann.

Ann Cleaves, ohne Titel, The Palisadian-Post (USA), 1998
(Charles Brooks (Hrsg.): Best Editorial Cartoons of the Year. 1999 edition, Gretna, LA. 1999, S. 159)

Schlagworte

Kinder, Eltern(pflichten), Erziehung, Schule, Schulversager, auffällige Jugendliche, „Problemkinder“, Schwererziehbare, Gewalt, Gesellschaft, Sozialarbeiter, Medien, Sozialisation, (Re-)Sozialisierung

44. Singles, nichteheliche Lebensgemeinschaften und Scheidungen – das Ende der traditionellen Familie?

Schwierigkeitsgrad	1
Beschreibung	Die Karikatur zeigt einen kleinen Jungen, der inmitten einer Parklandschaft andächtig-interessiert vor einem riesigen, eingezäunten Denkmal steht. Dieses „Denkmal der amerikanischen Familie" besteht aus einem in Stein gehauenen Ehepaar, welches Arm in Arm auf einem hohen Sockel steht. Während die Mutter ihre kleine Tochter an der Hand hält, hält das Mädchen einen Teddy. Das idyllische Bild wird komplettiert durch einen Hund. Weitere Details: Vor dem Denkmal ist eine Schautafel auszumachen; im Hintergrund erkennt man das Washington Monument sowie das US-Kongress-Gebäude.
Deutung	Thema der Karikatur ist der postmoderne gesellschaftliche Wandel, der Wertewandel und die damit einhergehende Abkehr von klassischen Rollenbildern und der traditionellen Familie. Der Zeichner prophezeit eine Zukunft, in der die ehemals „normale" Familie, die aus „Vater, Mutter, Kind" bestand, praktisch „ins Museum gehört". Diese Lebensform ist dann so selten geworden, dass ein Junge staunend vor dem Denkmal steht und sich erst mithilfe einer Informationstafel die fremd gewordene Institution Familie erschließen muss. Wie dieser Wandel zu erklären ist, ob Selbstentfaltung, Emanzipation oder Individualisierungstendenzen für diese Entwicklung verantwortlich sind, erklärt der Karikaturist nicht. Es scheint aber, als würde er den Abschied von der Familie ebenso bedauern wie die hohen Scheidungsraten und Selbstverwirklichung um jeden Preis.
Ergänzende Materialien	M1 **Wenig Chancen ohne Partner** Armutsgefährdet* waren 2013 Haushalte von ... Alleinerziehenden 35,2 % Paaren mit 1 Kind 11,1 % Paaren mit 2 Kindern 8,5 % Paaren mit 3 Kindern oder mehr 13,7 % So entwickelte sich das Armutsrisiko von Alleinerziehenden ... 2005: 25,8 %; 2007: 34,5 %; 2009: 37,5 %; 2011: 37,1 %; 2013: 35,2 % * inklusive Sozialleistungen unter 60 % des mittleren bedarfsgewichteten Nettoeinkommens Quelle: WSI-GenderDatenPortal 2015 | © Hans-Böckler-Stiftung 2015

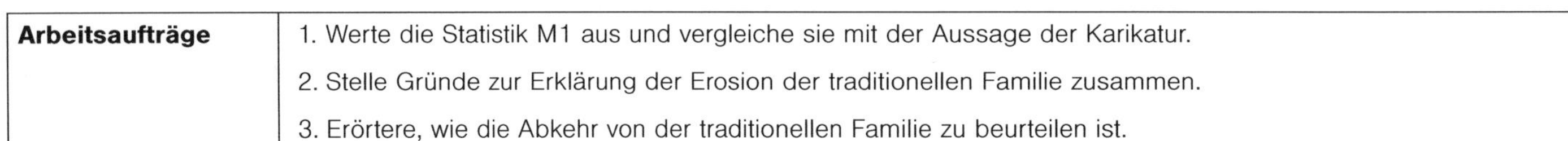

Arbeitsaufträge	1. Werte die Statistik M1 aus und vergleiche sie mit der Aussage der Karikatur. 2. Stelle Gründe zur Erklärung der Erosion der traditionellen Familie zusammen. 3. Erörtere, wie die Abkehr von der traditionellen Familie zu beurteilen ist.

Charles Fagan, ohne Titel, 1994 (USA)
(Charles Brooks (Hrsg.): Best Editorial Cartoons of the Year. 1995 edition, Gretna, LA. 1995, S. 136)

Schlagworte

Sozialer Wandel, Postmoderne, Familie, Pluralisierung der Lebensformen, Haushalt(sgrößen), Einpersonenhaushalt, nichteheliche Lebensgemeinschaft, alleinerziehend, ledig, Patchworkfamilie, Scheidung(srate), Singles, Geburtenquote, Selbstverwirklichung, Selbstentfaltung, Emanzipation, Wertewandel, Individualisierung, Auflösung klassischer Rollenbilder, Hausfrau und Mutter, Tradition, Bildung, traditionelle Bindungen

45. Weniger Geld für die gleiche Leistung? „Debatte über die Gleichstellung der Frau"

Schwierigkeitsgrad	1
Beschreibung	Ein Abgeordneter des Bundestages (vgl. den Adler links oben) hält eine Rede im Parlament. Hinter der Rednertribüne sitzen der Bundestagspräsident und sein Stellvertreter. Beide hören dem Redner zu, während gleichzeitig eine Putzfrau das Mikrofon abstaubt. Die Bildunterschrift der Karikatur lautet „Debatte über die Gleichstellung der Frau".
Deutung	Die Aussage der Karikatur ist klar: Der Bundestag hat sich zu einer „Debatte über die Gleichstellung der Frau" versammelt, geführt wird diese Debatte aber von Männern: dem Redner, dem Bundestagspräsidenten und seinem Vertreter. Frauen spielen hierbei keine Rolle, sondern müssen sich weiter auf die „traditionellen weiblichen Tätigkeiten" wie Putzen (Haushaltsführung, Kindererziehung etc.) beschränken.
Ergänzende Materialien	

M1

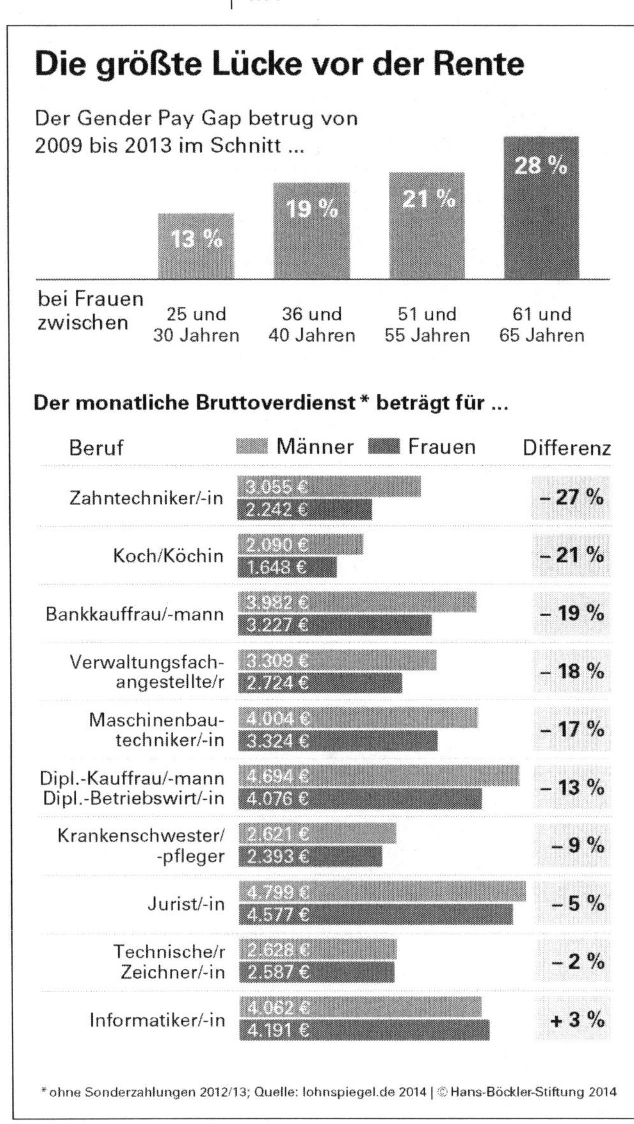

M2

Der mittlere Stundenlohn beträgt in den typischen ...

Frauenberufen			Männerberufen
Sachbearbeiterin	17 €	31 €	Unternehmer
Krankenpflegerin	16 €	29 €	Ingenieur
Sozialarbeiterin	16 €	24 €	Softwareentwickler
Erzieherin	14 €	22 €	Datenverarbeiter
Bürofachkraft	13 €	18 €	Soldat/Polizist
Altenpflegerin	12 €	18 €	Techniker
Gebäudereinigerin	11 €	16 €	Elektriker
Verkäuferin	10 €	13 €	Hausmeister
Sprechstundenhelferin	10 €	12 €	Kraftfahrer
Kellnerin	10 €	12 €	Lagerist

jeweils die 10 häufigsten Frauen- und Männerberufe in der Privatwirtschaft
Quelle: DIW, März 2016 bit.do/impuls0337 Hans Böckler Stiftung

Arbeitsaufträge	1. Fasse die Aussage der Karikatur in zwei Sätzen zusammen. 2. Schätze den Frauenanteil unter den mehr als 600 Bundestagsabgeordneten. 3. Werte die Statistiken M1 und M2 aus und beurteile diese anschließend.

Luis Murschetz, „Debatte über die Gleichstellung der Frau“, o.J.

Schlagworte

Gleichstellung, Emanzipation, Bundestag, Frauen, Männer, Geschlechterverhältnisse, Einkommen, Einkommensunterschiede, Gesetzgebung

46. Sind Kinder zu teuer? Gründe für die niedrigen deutschen Geburtenraten

Schwierigkeitsgrad	1
Beschreibung	Ein Mann und eine Frau stehen verdutzt und ein wenig erschreckt an einer Wegkreuzung. Geradeaus zeigt ein Schild in Richtung „Kinder“, während rechts ein Weg in Richtung „Wohlstand“ führt.
Deutung	Die Entscheidung für das Kinderkriegen ist in Deutschland nach Ansicht des Zeichners Plaßmann eine Entscheidung gegen materiellen Wohlstand. Dass Kinder bis zu ihrem 18. Lebensjahr und teilweise darüber hinaus (Studium, Unterstützung bei den Lebenshaltungskosten etc.) viel Geld kosten, ist unbestritten. Experten vergleichen die Kosten mit dem Preis eines kleineren Einfamilienhauses. Offen bleibt, ob der Kinderwunsch lediglich den Verzicht auf einen gewissen Luxus wie Urlaubsreisen etc. impliziert oder ob Nachwuchs eventuell sogar ein erhöhtes Armutsrisiko mit sich bringt.
Ergänzende Materialien	siehe unten

Kinder als Armutsrisiko?

Veränderung der Ausgabenseite

- größere Wohnung
- evtl. größeres Auto
- Kosten des täglichen Bedarfs
- Kindergarten- und Betreuungskosten
- Ausbildungskosten

Veränderung der Einnahmenseite

- (temporärer) Wegfall eines Gehaltes
- Eltern- und Kindergeld

Warum entscheiden sich Paare für bzw. gegen Kinder?

Pro	**Contra**
Glück Erfüllung Familie	Einschränkung der persönlichen Freiheit Berufliche Karriere Kosten (?) mögen keine Kinder (können keine Kinder kriegen)

M1

EINKOMMEN

Vermögende Kinderlose

Das durchschnittliche Nettogeldvermögen* betrug 2013 bei ...

Paaren ohne Kinder	63.300 €
Paaren mit Kindern	43.700 €
Single-Haushalten	29.600 €
Alleinerziehenden	10.900 €
allen Haushalten	*44.500 €*

* Sparvermögen, Wertpapiere, Lebensversicherungen etc. abzüglich Schulden
Statistisches Bundesamt, Juli 2014

Quelle: Hans-Böckler-Stiftung/ Böckler Impuls

Arbeitsaufträge	1. Analysiere Statistiken zur demografischen Entwicklung in verschiedenen Ländern und interpretiere die Zahlen. 2. Diskutiert die Aussage der Karikatur im Plenum.

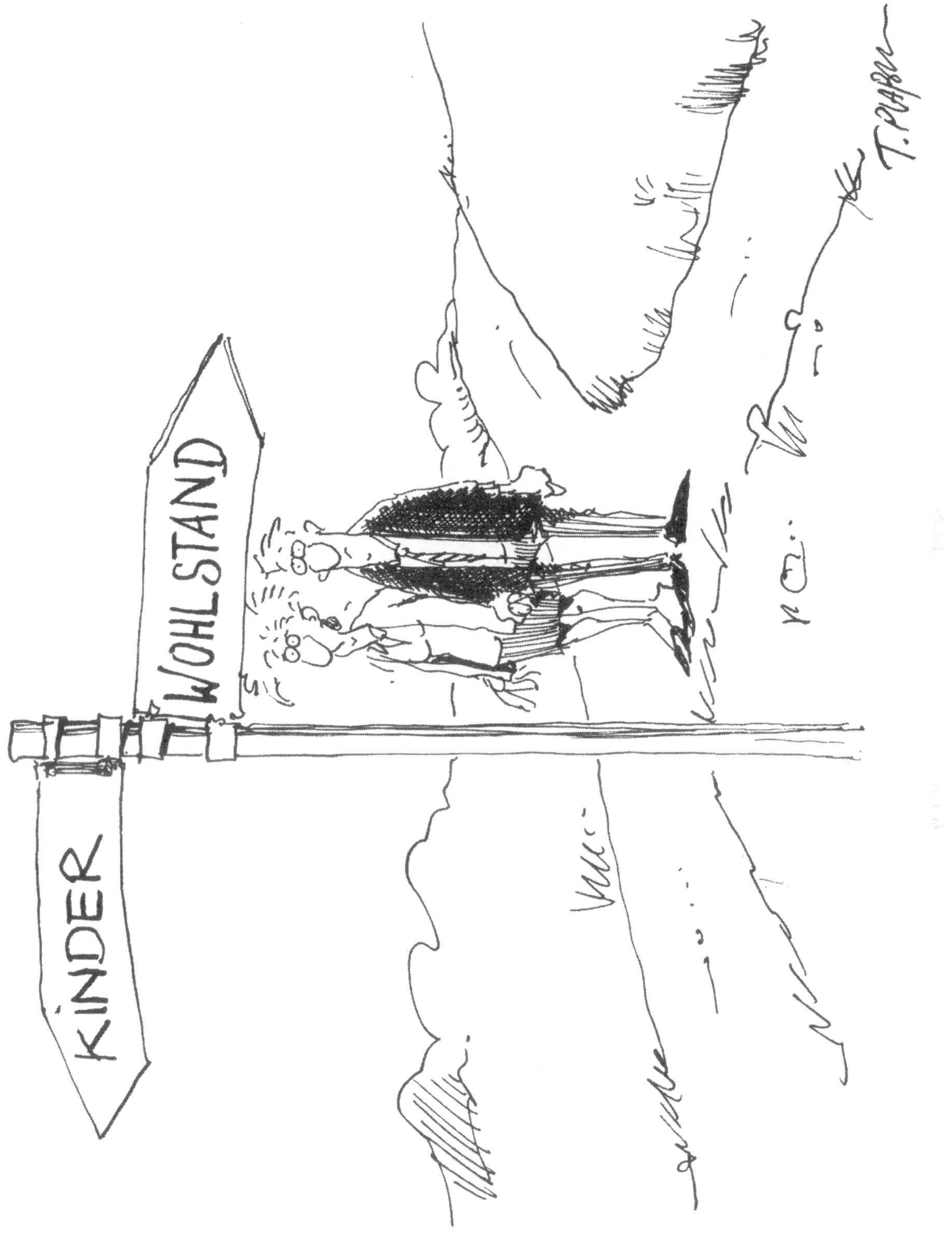

Thomas Plaßmann, ohne Titel, o.J.
(Thomas Plaßmann, Ein Leben lang. Karikaturen vom Leben gezeichnet, Frankfurt/M. 1999, S. 15)

Schlagworte

Demografische Entwicklung, Geburtenraten, Sozialstaat, Renten, Überalterung, Kinder, Zukunft, Heirat, Lebensplanung, Familie, Kindergeld, Werte, Selbstverwirklichung, Individualisierung

47. Bestrafen oder helfen? Der richtige Umgang mit straffälligen Jugendlichen

Schwierigkeitsgrad	1
Beschreibung	Die Karikatur zeigt in der Bildmitte einen Jugendlichen mit verschränkten Armen, der Musik über Kopfhörer hört. Der Junge raucht (einen Joint?), hat lange Haare, trägt ein Käppi (quer), (viel zu große) Turnschuhe, das T-Shirt (mit der Aufschrift „Shit") hängt aus der Hose. In seiner Jackentasche steckt eine Spraydose, ein Schlüsselbund schaut hervor und in seiner linken Hand hält der Junge einen Kuhfuß.
Deutung	Hinter dem Jungen stehen zahlreiche Personen, welche durch Schriftzüge genauer bezeichnet werden und den Teenager streng/sorgenvoll/interessiert/milde/ratlos beäugen. Die Bildunterschrift lautet „Wir sollten uns mehr um ihn kümmern".
Ergänzende Materialien	**Was tun mit straffälligen/schwererziehbaren Jugendlichen?** Eltern in die Verantwortung nehmen Eltern bei der Erziehung unterstützen Justiz: Auf Straftaten rasch und konsequent reagieren, bei Einsicht der Täter Milde zeigen „Resozialisierung" Seelsorge/Sozialamt: Unterstützung in schwierigen familiären/schulischen/privaten Situationen Handwerk etc.: Ausbildungsplätze schaffen Psychologen: Unterstützung bei ernsthaften psychischen Problemen Medien: Verzicht auf reißerische Berichte

Arbeitsaufträge	1. Überlege, warum manche Jugendliche straffällig werden. Liste mögliche Gründe auf. 2. Diskutiert, wie man auffällige bzw. straffällige Jugendliche auf den rechten Weg bringen kann.

„Wir sollten uns mehr um sie kümmern“

Fritz Behrendt, „Wir sollten uns mehr um ihn kümmern“, 1996

Schlagworte

Verhaltensauffällige, Schwererziehbare, Jugendkriminalität, Gewalt, Gesellschaft, Justiz, Sozialarbeiter, Medien, Sozialisation, Erziehung, (Re-)Sozialisierung

48. Wertewandel und Säkularisierung – Abkehr von traditionellen Institutionen?

Schwierigkeitsgrad	3
Beschreibung	Die dargestellte Szene spielt in einer Kirche. Der Pfarrer links fordert die Frau rechts im Bild auf „Also! Suchen Sie sich aus worauf Sie schwören möchten und sprechen Sie mir nach ...". Die Frau blickt daraufhin verwirrt auf die vor ihr liegenden Bücher: „Tao und Tantra", „Die Vollwertküche", den „Ottokatalog" und ganz links die Bibel.
Deutung	Der Karikaturist spielt auf die nachlassende Bedeutung der christlichen Kirchen in Deutschland (bzw. den Industriestaaten, mit Ausnahme der USA) an. Seit dem Zweiten Weltkrieg nimmt sowohl die Zahl der Kirchgänger als auch der Kirchenmitglieder kontinuierlich ab. Im Zuge dieser Entwicklung büßte die Kirche in erheblichem Maße an ihrem ehemals starken Einfluss auf Politik und Gesellschaft ein. Aber während sich immer mehr Deutsche von den christlichen Kirchen abwandten, blieb die „Suche nach Sinn" unverändert bestehen. Angesichts der gewaltigen Veränderungen der Welt und den Herausforderungen der Moderne nimmt die Suche nach Transzendenz eher noch zu. Allerdings suchen die Menschen in den Industriestaaten die Antworten auf die großen Fragen des Lebens heute eher außerhalb etablierter Institutionen. Während einige Esoterik, alternative Religionen und asiatische Philosophie (vgl. „Tao und Tantra") zu ihrem Lebensinhalt machen, steht für andere eine möglichst gesunde Ernährung im Mittelpunkt (vgl. „Die Vollwertküche"). Wieder andere geben sich ganz dem Konsum und damit einem hedonistischen Lebensstil hin (vgl. den „Otto-Katalog"). Die Kirche ist sich unsicher, wie sie auf den Wertewandel reagieren soll. Während konservative Zirkel die althergebrachten Traditionen energisch verteidigen, zeigen sich liberale Christen eher zu einer gesellschaftlichen Öffnung der Kirche bereit. Der Zeichner Plaßmann kritisiert hier durch Überzeichnung eine allzu weitgehende Öffnung gegenüber Entwicklungen der postmodernen Gesellschaft.

Arbeitsaufträge	1. Erkläre anhand der Zeichnung, inwiefern es sich bei Ironie um ein wesentliches Stilmittel der Karikatur handelt. 2. Suche nach Beispielen und überprüfe, inwiefern sich die christlichen Kirchen wirklich gegenüber der Gesellschaft öffnen. 3. Beziehe Stellung zu dem von der Karikatur aufgeworfenen Thema.

Thomas Plaßmann, ohne Titel, ohne Jahr

Schlagworte

Werte, (Post-)Moderne, (Post-)Materialismus, Religion, Kirche, Säkularisierung, Laizismus, Wertewandel, nachlassende Bindungskräfte, Suche nach Sinn, Selbstfindung, Individualisierung, Kirchgänger, Pluralismus, Toleranz, Konsum(rausch), Hedonismus, Transzendenz, Industriestaaten, Institutionen, Freiheit, New Age